# 中国旅游统计年鉴

# （副本）

# THE YEARBOOK OF CHINA TOURISM STATISTICS (SUPPLEMENT)

# 2011

中 华 人 民 共 和 国 国 家 旅 游 局

NATIONAL TOURISM ADMINISTRATION OF THE PEOPLE'S REPUBLIC OF CHINA

# 中国旅游统计年鉴编辑委员会



## LIST OF EDITORIAL BOARD OF THE YEARBOOK OF CHINA TOURISM STATISTICS

# 编者说明

《中国旅游统计年鉴（副本）2011》是反映2010年我国旅游业供给要素诸方面情况的资料性年刊。主要内容有，上篇：全国旅游企业综合资料，包括各省、自治区、直辖市和主要城市旅游企业的主要经济指标；下篇：全国星级饭店综合资料。

作为《中国旅游统计年鉴》的重要补充，本书是了解、研究我国旅游生产力的规模、布局、结构以及旅游企业经济效益等方面情况的重要参考资料，翔实的旅游饭店的统计资料，对于研究旅游饭店业在我国旅游业跨世纪发展中的地位、作用及自身发展轨迹更具有重要的参考价值。本书可供旅游部门、国民经济各有关部门、教学科研单位以及经济工作者和大专院校师生使用。

本书资料来源于全国各省、自治区、直辖市旅游局每年进行的定期报表统计，统计口径与国家旅游局和国家统计局联合制定的《旅游统计调查制度》规定的口径一致。

全国统计数据均未包括我国香港特别行政区、澳门特别行政区和台湾省的数字。

本书中有“#”号者表示为该栏的主要项或其中项；有“—”号者表示该项数据不详或无可比性。

中国旅游统计年鉴编委会

二〇一一年十一月

# 目　录

## 上篇　全国旅游企业综合资料

### 一、全国旅游企业综合资料



### 二、分地区旅游企业资料

## 下篇　全国星级饭店综合资料

## 十、全国一星级饭店综合资料

# 上　　篇

## 全国旅游企业综合资料

# 一、全国旅游企业综合资料

# 1－1　全国旅游企业

| | 固定资产原值（万元） | 营业收入（万元） | 利润（万元） | 营业税金（万元） |
|---|---|---|---|---|
| （一）旅行社 | 7 863 360.35 | 23 538 946.27 | 1 253 991.73 | 196 908.46 |
| （二）星级饭店 | 45 467 708.50 | 21 226 551.13 | 505 421.24 | 1 113 635.17 |
| 内资饭店 | 37 500 101.06 | 17 882 321.55 | 158 061.57 | 944 508.67 |
| 外资饭店 | 7 967 607.44 | 3 344 229.58 | 347 359.67 | 169 126.50 |

# 主要经济指标（按行业分）

| 利润率（%） | 全员劳动生产率（万元/人） | 人均实现营业税金（万元/人） | 人均实现利润（万元/人） | 人均固定资产原值（万元/人） | 从业人员（人） | 企业数（家） |
|---|---|---|---|---|---|---|
| 0.05 | 2 036.56 | 18.46 | 4.53 | 1 184.43 | 276 751 | 22 691 |
| 0.02 | 13.43 | 0.70 | 0.32 | 28.76 | 1 580 963 | 11 779 |
| 0.88 | 12.58 | 0.66 | 0.11 | 26.38 | 1 421 703 | 11 242 |
| 0.10 | 21.00 | 1.06 | 2.18 | 50.03 | 159 260 | 537 |

# 1－2 全国旅行社

| | 固定资产原值（万元） | 营业收入（万元） | 利润（万元） | 营业税金（万元） |
|---|---|---|---|---|
| **总计** | **7 863 360.35** | **23 538 946.27** | **1 253 991.73** | **196 908.46** |
| 北京 | 165 754.75 | 4 006 862.97 | 189 852.05 | 20 152.96 |
| 天津 | 50 803.43 | 196 748.13 | 11 434.03 | 1 992.20 |
| 河北 | 5 867 416.03 | 258 169.86 | 14 276.97 | 2 805.73 |
| 山西 | 15 232.92 | 211 832.39 | 10 774.74 | 1 748.71 |
| 内蒙古 | 10 662.96 | 135 809.26 | 8 849.15 | 1 464.42 |
| 辽宁 | 26 861.86 | 520 219.44 | 23 561.15 | 4 216.08 |
| 吉林 | 9 740.33 | 97 595.60 | 13 518.57 | 2 070.76 |
| 黑龙江 | 34 764.43 | 218 751.19 | 12 526.61 | 3 262.64 |
| 上海 | 63 365.49 | 2 979 856.39 | 146 450.30 | 20 284.72 |
| 江苏 | 107 425.98 | 1 839 747.26 | 110 432.73 | 18 115.26 |
| 浙江 | 97 024.11 | 2 056 688.86 | 111 091.11 | 18 321.34 |
| 安徽 | 51 407.74 | 433 178.35 | 24 723.32 | 5 947.51 |
| 福建 | 56 529.91 | 759 142.23 | 34 481.24 | 7 211.64 |
| 江西 | 9 311.02 | 183 014.15 | 6 075.02 | 1 529.41 |
| 山东 | 358 892.07 | 1 063 177.98 | 66 918.93 | 12 976.72 |
| 河南 | 140 352.38 | 534 860.90 | 56 470.44 | 6 362.84 |
| 湖北 | 384 775.57 | 592 351.32 | 44 421.91 | 9 298.30 |
| 湖南 | 38 214.38 | 933 982.91 | 33 615.50 | 5 799.34 |
| 广东 | 144 185.87 | 3 499 536.55 | 199 609.56 | 29 975.83 |
| 广西 | 22 590.03 | 337 208.85 | 24 431.34 | 1 523.74 |
| 海南 | 10 148.43 | 286 631.45 | 13 675.74 | 1 165.65 |
| 重庆 | 53 726.92 | 552 120.19 | 17 825.81 | 5 491.81 |
| 四川 | 27 342.55 | 348 427.71 | 8 946.12 | 2 695.51 |
| 贵州 | 5 449.96 | 111 682.17 | 4 167.96 | 564.98 |
| 云南 | 47 160.98 | 679 395.91 | 23 628.73 | 4 316.34 |
| 西藏 | 5 312.91 | 27 446.25 | 2 055.37 | 212.18 |
| 陕西 | 12 009.82 | 350 904.82 | 13 550.15 | 1 505.24 |
| 甘肃 | 15 894.06 | 132 829.93 | 18 216.10 | 4 586.23 |
| 青海 | 4 549.78 | 33 786.50 | 2 244.93 | 192.70 |
| 宁夏 | 1 622.01 | 51 379.80 | 1 484.82 | 263.74 |
| 新疆 | 26 281.93 | 133 405.14 | 5 207.10 | 956.19 |

## 主要经济指标(按地区分)

| 利润率<br>(%) | 全员劳动生产率<br>(万元/人) | 人均实现利税<br>(万元/人) | 人均实现利润<br>(万元/人) | 人均固定资产原值<br>(万元/人) | 从业人员<br>(人) | 企业数<br>(家) |
|---|---|---|---|---|---|---|
| **0.05** | **2 036.56** | **18.46** | **4.53** | **1 184.43** | **276 751** | **22 691** |
| 0.05 | 200.78 | 1.01 | 9.51 | 8.31 | 19 956 | 905 |
| 0.06 | 42.07 | 0.43 | 2.44 | 10.86 | 4 677 | 310 |
| 0.06 | 43.54 | 0.47 | 2.41 | 989.45 | 5 930 | 1 148 |
| 0.05 | 26.72 | 0.22 | 1.36 | 1.92 | 7 927 | 755 |
| 0.07 | 31.89 | 0.34 | 2.08 | 2.50 | 4 259 | 677 |
| 0.05 | 78.01 | 0.63 | 3.53 | 4.03 | 6 669 | 1 145 |
| 0.14 | 34.49 | 0.73 | 4.78 | 3.44 | 2 830 | 521 |
| 0.06 | 57.19 | 0.85 | 3.27 | 9.09 | 3 825 | 601 |
| 0.05 | 183.77 | 1.25 | 9.03 | 3.91 | 16 215 | 867 |
| 0.06 | 97.82 | 0.96 | 5.87 | 5.71 | 18 807 | 1 805 |
| 0.05 | 92.64 | 0.83 | 5.00 | 4.37 | 22 202 | 1 639 |
| 0.06 | 47.13 | 0.65 | 2.69 | 5.59 | 9 191 | 904 |
| 0.05 | 71.19 | 0.68 | 3.23 | 5.30 | 10 664 | 718 |
| 0.03 | 39.26 | 0.33 | 1.30 | 2.00 | 4 662 | 699 |
| 0.06 | 55.41 | 0.68 | 3.49 | 18.70 | 19 187 | 1 842 |
| 0.11 | 57.38 | 0.68 | 6.06 | 15.06 | 9 322 | 1 096 |
| 0.07 | 41.71 | 0.65 | 3.13 | 27.09 | 14 201 | 931 |
| 0.04 | 85.87 | 0.53 | 3.09 | 3.51 | 10 877 | 681 |
| 0.06 | 105.62 | 0.90 | 6.02 | 4.35 | 33 134 | 1 247 |
| 0.07 | 58.02 | 0.26 | 4.20 | 3.89 | 5 812 | 428 |
| 0.05 | 56.47 | 0.23 | 2.69 | 2.00 | 5 076 | 299 |
| 0.03 | 83.03 | 0.83 | 2.68 | 8.08 | 6 650 | 379 |
| 0.03 | 52.90 | 0.41 | 1.36 | 4.15 | 6 586 | 730 |
| 0.04 | 49.92 | 0.25 | 1.86 | 2.44 | 2 237 | 261 |
| 0.03 | 60.14 | 0.38 | 2.09 | 4.18 | 11 296 | 531 |
| 0.07 | 52.18 | 0.40 | 3.91 | 10.10 | 526 | 78 |
| 0.04 | 53.17 | 0.23 | 2.05 | 1.82 | 6 600 | 596 |
| 0.14 | 52.79 | 1.82 | 7.24 | 6.32 | 2 516 | 352 |
| 0.07 | 17.17 | 0.10 | 1.14 | 2.31 | 1 968 | 197 |
| 0.03 | 56.52 | 0.29 | 1.63 | 1.78 | 909 | 86 |
| 0.04 | 52.30 | 0.37 | 2.04 | 10.30 | 2 551 | 356 |

# 1－3 全国星级饭店

| | 固定资产原值（万元） | 营业收入（万元） | 利润（万元） | 营业税金（万元） |
|---|---|---|---|---|
| **合计** | **45 467 708.50** | **21 226 551.12** | **505 421.24** | **1 113 635.18** |
| 北京 | 6 366 158.60 | 2 529 197.10 | 65 807.70 | 131 822.80 |
| 天津 | 379 464.73 | 232 490.67 | －14 883.51 | 12 660.30 |
| 河北 | 801 127.44 | 286 637.75 | －32 743.32 | 15 949.99 |
| 山西 | 670 574.77 | 372 425.54 | －11 005.54 | 19 840.77 |
| 内蒙古 | 585 301.53 | 272 032.72 | 224.83 | 13 385.77 |
| 辽宁 | 1 922 152.73 | 655 577.64 | －42 342.41 | 34 012.97 |
| 吉林 | 824 620.10 | 269 498.06 | －19 275.24 | 13 586.86 |
| 黑龙江 | 588 988.84 | 197 848.04 | 2 393.38 | 10 467.34 |
| 上海 | 3 610 729.61 | 1 904 729.15 | 262 711.88 | 99 408.07 |
| 江苏 | 2 872 650.94 | 1 607 772.63 | －12 081.60 | 85 673.49 |
| 浙江 | 3 043 967.85 | 2 261 029.23 | 83 859.31 | 101 374.57 |
| 安徽 | 1 014 069.55 | 492 006.22 | 15 514.99 | 26 086.25 |
| 福建 | 1 179 894.47 | 715 434.55 | 31 781.99 | 40 748.71 |
| 江西 | 583 206.81 | 258 904.94 | 73.74 | 13 856.02 |
| 山东 | 3 606 358.45 | 1 422 372.82 | 22 193.40 | 72 236.68 |
| 河南 | 956 867.35 | 519 214.45 | －21 753.84 | 27 919.14 |
| 湖北 | 1 063 351.61 | 439 279.71 | 7 473.46 | 22 512.85 |
| 湖南 | 1 449 071.02 | 662 449.00 | 12 236.59 | 33 152.24 |
| 广东 | 4 717 019.10 | 2 534 983.17 | 103 676.45 | 145 830.38 |
| 广西 | 939 238.09 | 392 550.49 | －12 748.44 | 21 099.52 |
| 海南 | 999 377.09 | 362 769.67 | 51 523.86 | 19 197.57 |
| 重庆 | 738 708.89 | 388 962.35 | 4 004.15 | 20 603.22 |
| 四川 | 1 589 774.32 | 653 180.52 | 14 829.26 | 35 277.39 |
| 贵州 | 314 034.70 | 185 072.84 | 10 868.20 | 10 261.33 |
| 云南 | 1 335 130.28 | 367 491.42 | 2 595.90 | 20 834.36 |
| 西藏 | 239 244.39 | 41 387.61 | 1 103.61 | 2 062.34 |
| 陕西 | 1 049 052.00 | 459 303.58 | －3 026.44 | 23 568.03 |
| 甘肃 | 568 325.79 | 210 410.80 | －3 695.96 | 11 114.73 |
| 青海 | 154 204.02 | 64 313.82 | －1 401.77 | 3 491.28 |
| 宁夏 | 213 270.44 | 68 964.44 | －4 359.35 | 3 405.35 |
| 新疆 | 1 091 773.00 | 398 260.18 | －8 134.05 | 22 194.86 |

## 主要经济指标(按地区分)

| 利润率 (%) | 全员劳动生产率 (万元/人) | 人均实现营业税金 (万元/人) | 人均实现利润 (万元/人) | 人均固定资产原值 (万元/人) | 从业人员 (人) | 企业数 (家) |
|---|---|---|---|---|---|---|
| **2.38** | **13.43** | **0.32** | **0.70** | **28.76** | **1 580 963** | **11 779** |
| 2.60 | 19.86 | 0.52 | 1.03 | 49.98 | 127 379 | 644 |
| -6.40 | 13.19 | -0.84 | 0.72 | 21.52 | 17 630 | 99 |
| -11.42 | 9.16 | -1.05 | 0.51 | 25.60 | 31 288 | 198 |
| -2.96 | 8.79 | -0.26 | 0.47 | 15.82 | 42 391 | 255 |
| 0.08 | 10.37 | 0.01 | 0.51 | 22.31 | 26 240 | 239 |
| -6.46 | 12.79 | -0.83 | 0.66 | 37.50 | 51 257 | 432 |
| -7.15 | 11.76 | -0.84 | 0.59 | 35.97 | 22 924 | 207 |
| 1.21 | 9.47 | 0.11 | 0.50 | 28.18 | 20 902 | 246 |
| 13.79 | 27.27 | 3.76 | 1.42 | 51.70 | 69 837 | 291 |
| -0.75 | 15.00 | -0.11 | 0.80 | 26.80 | 107 173 | 702 |
| 3.71 | 20.36 | 0.76 | 0.91 | 27.42 | 111 027 | 814 |
| 3.15 | 10.86 | 0.34 | 0.58 | 22.38 | 45 306 | 417 |
| 4.44 | 12.14 | 0.54 | 0.69 | 20.03 | 58 918 | 374 |
| 0.03 | 9.12 | 0.00 | 0.49 | 20.55 | 28 380 | 311 |
| 1.56 | 11.94 | 0.19 | 0.61 | 30.27 | 119 122 | 895 |
| -4.19 | 9.20 | -0.39 | 0.49 | 16.95 | 56 464 | 386 |
| 1.70 | 9.69 | 0.16 | 0.50 | 23.45 | 45 349 | 455 |
| 1.85 | 11.22 | 0.21 | 0.56 | 24.54 | 59 049 | 433 |
| 4.09 | 13.44 | 0.55 | 0.77 | 25.01 | 188 642 | 1 008 |
| -3.25 | 9.24 | -0.30 | 0.50 | 22.11 | 42 479 | 379 |
| 14.20 | 14.15 | 2.01 | 0.75 | 38.97 | 25 643 | 186 |
| 1.03 | 10.95 | 0.11 | 0.58 | 20.80 | 35 512 | 246 |
| 2.27 | 11.88 | 0.27 | 0.64 | 28.92 | 54 973 | 395 |
| 5.87 | 8.67 | 0.51 | 0.48 | 14.72 | 21 335 | 324 |
| 0.71 | 8.79 | 0.06 | 0.50 | 31.94 | 41 807 | 560 |
| 2.67 | 7.75 | 0.21 | 0.39 | 44.79 | 5 341 | 105 |
| -0.66 | 10.41 | -0.07 | 0.53 | 23.77 | 44 133 | 269 |
| -1.76 | 7.25 | -0.13 | 0.38 | 19.59 | 29 016 | 311 |
| -2.18 | 8.01 | -0.17 | 0.44 | 19.22 | 8 025 | 105 |
| -6.32 | 8.96 | -0.57 | 0.44 | 27.70 | 7 700 | 57 |
| -2.04 | 11.15 | -0.23 | 0.62 | 30.56 | 35 721 | 436 |

# 1－4 全国内资饭店

| | 固定资产原值（万元） | 营业收入（万元） | 利润（万元） | 营业税金（万元） |
|---|---|---|---|---|
| **合计** | **37 500 101.06** | **17 882 321.55** | **158 061.57** | **944 508.67** |
| 北京 | 4 149 952.80 | 1 715 910.90 | －44 381.50 | 92 261.10 |
| 天津 | 310 372.41 | 193 462.24 | －9 842.36 | 10 706.89 |
| 河北 | 772 848.64 | 275 118.35 | －32 006.42 | 15 354.89 |
| 山西 | 660 906.47 | 364 471.34 | －10 873.04 | 19 438.07 |
| 内蒙古 | 529 025.03 | 258 678.22 | －409.67 | 12 728.17 |
| 辽宁 | 1 153 890.03 | 472 576.18 | －14 823.82 | 24 827.73 |
| 吉林 | 735 211.20 | 242 749.26 | －23 395.94 | 12 531.86 |
| 黑龙江 | 524 111.22 | 176 535.05 | 196.17 | 9 388.87 |
| 上海 | 3 098 411.98 | 1 412 119.37 | 141 136.37 | 74 594.40 |
| 江苏 | 2 629 468.13 | 1 435 312.19 | －22 777.55 | 76 961.31 |
| 浙江 | 2 732 776.49 | 2 111 570.21 | 73 279.87 | 93 821.38 |
| 安徽 | 964 621.68 | 471 417.72 | 14 217.85 | 25 083.58 |
| 福建 | 856 140.46 | 528 501.40 | 17 528.01 | 30 930.71 |
| 江西 | 559 083.26 | 245 672.35 | 1 154.89 | 13 138.54 |
| 山东 | 3 303 562.65 | 1 334 391.96 | 22 858.13 | 67 965.95 |
| 河南 | 872 075.33 | 470 353.62 | －18 326.39 | 25 536.94 |
| 湖北 | 945 586.24 | 390 378.73 | －5 188.62 | 20 064.43 |
| 湖南 | 1 361 362.55 | 632 077.23 | 13 256.11 | 31 531.93 |
| 广东 | 3 105 145.20 | 1 926 440.22 | 58 960.72 | 113 056.17 |
| 广西 | 712 880.77 | 336 264.33 | －9 294.62 | 18 191.37 |
| 海南 | 739 279.17 | 217 024.80 | 13 517.81 | 11 729.78 |
| 重庆 | 678 888.59 | 350 599.25 | －3 799.35 | 18 708.92 |
| 四川 | 1 581 893.08 | 651 721.72 | 14 910.08 | 35 203.92 |
| 贵州 | 304 785.20 | 181 319.34 | 11 084.90 | 10 066.83 |
| 云南 | 1 260 916.40 | 343 495.83 | －2 102.39 | 19 728.65 |
| 西藏 | 237 813.10 | 41 339.86 | 1 143.34 | 2 059.78 |
| 陕西 | 844 376.02 | 393 654.72 | －9 901.59 | 20 338.61 |
| 甘肃 | 529 421.49 | 204 035.80 | －3 950.86 | 10 794.73 |
| 青海 | 149 589.39 | 60 807.74 | －615.84 | 3 311.95 |
| 宁夏 | 200 556.14 | 63 934.74 | －4 521.45 | 3 149.75 |
| 新疆 | 995 149.94 | 380 386.87 | －8 971.28 | 21 301.46 |

## 主要经济指标（按地区分）

| 利润率<br>（%） | 全员劳动生产率<br>（万元/人） | 人均实现营业税金<br>（万元/人） | 人均实现利润<br>（万元/人） | 人均固定资产原值<br>（万元/人） | 从业人员<br>（人） | 企业数<br>（家） |
|---|---|---|---|---|---|---|
| **0.88** | **12.58** | **0.66** | **0.11** | **26.38** | **1 421 703** | **11 242** |
| -2.59 | 16.83 | 0.90 | -0.44 | 40.70 | 101 969 | 589 |
| -5.09 | 12.85 | 0.71 | -0.65 | 20.62 | 15 051 | 88 |
| -11.63 | 9.18 | 0.51 | -1.07 | 25.78 | 29 983 | 191 |
| -2.98 | 8.77 | 0.47 | -0.26 | 15.90 | 41 579 | 252 |
| -0.16 | 10.11 | 0.50 | -0.02 | 20.67 | 25 598 | 238 |
| -3.14 | 11.75 | 0.62 | -0.37 | 28.69 | 40 226 | 387 |
| -9.64 | 11.21 | 0.58 | -1.08 | 33.95 | 21 654 | 203 |
| 0.11 | 8.80 | 0.47 | 0.01 | 26.13 | 20 059 | 240 |
| 9.99 | 24.90 | 1.32 | 2.49 | 54.64 | 56 701 | 260 |
| -1.59 | 14.65 | 0.79 | -0.23 | 26.85 | 97 949 | 671 |
| 3.47 | 20.30 | 0.90 | 0.70 | 26.27 | 104 022 | 788 |
| 3.02 | 10.86 | 0.58 | 0.33 | 22.22 | 43 406 | 406 |
| 3.32 | 11.25 | 0.66 | 0.37 | 18.22 | 46 998 | 330 |
| 0.47 | 9.05 | 0.48 | 0.04 | 20.58 | 27 161 | 303 |
| 1.71 | 11.77 | 0.60 | 0.20 | 29.13 | 113 397 | 873 |
| -3.90 | 8.95 | 0.49 | -0.35 | 16.60 | 52 542 | 375 |
| -1.33 | 9.26 | 0.48 | -0.12 | 22.42 | 42 176 | 442 |
| 2.10 | 11.48 | 0.57 | 0.24 | 24.72 | 55 082 | 413 |
| 3.06 | 12.37 | 0.73 | 0.38 | 19.94 | 155 688 | 898 |
| -2.76 | 8.76 | 0.47 | -0.24 | 18.58 | 38 372 | 365 |
| 6.23 | 11.30 | 0.61 | 0.70 | 38.51 | 19 198 | 165 |
| -1.08 | 10.47 | 0.56 | -0.11 | 20.27 | 33 486 | 242 |
| 2.29 | 11.91 | 0.64 | 0.27 | 28.92 | 54 703 | 394 |
| 6.11 | 8.66 | 0.48 | 0.53 | 14.56 | 20 937 | 322 |
| -0.61 | 8.61 | 0.49 | -0.05 | 31.60 | 39 905 | 545 |
| 2.77 | 7.78 | 0.39 | 0.22 | 44.78 | 5 311 | 104 |
| -2.52 | 9.64 | 0.50 | -0.24 | 20.68 | 40 825 | 260 |
| -1.94 | 7.18 | 0.38 | -0.14 | 18.62 | 28 432 | 309 |
| -1.01 | 7.95 | 0.43 | -0.08 | 19.55 | 7 651 | 103 |
| -7.07 | 8.85 | 0.44 | -0.63 | 27.75 | 7 226 | 55 |
| -2.36 | 11.05 | 0.62 | -0.26 | 28.92 | 34 416 | 431 |

# 1－5 全国外资饭店

| | 固定资产原值（万元） | 营业收入（万元） | 利润（万元） | 营业税金（万元） |
|---|---|---|---|---|
| **总计** | **7 967 607.44** | **3 344 229.58** | **347 359.67** | **169 126.50** |
| 北京 | 2 216 205.80 | 813 286.20 | 110 189.20 | 39 561.70 |
| 天津 | 69 092.31 | 39 028.44 | －5 041.14 | 1 953.41 |
| 河北 | 28 278.80 | 11 519.40 | －736.90 | 595.10 |
| 山西 | 9 668.30 | 7 954.20 | －132.50 | 402.70 |
| 内蒙古 | 56 276.50 | 13 354.50 | 634.50 | 657.60 |
| 辽宁 | 768 262.70 | 183 001.47 | －27 518.59 | 9 185.25 |
| 吉林 | 89 408.90 | 26 748.80 | 4 120.70 | 1 055.00 |
| 黑龙江 | 64 877.62 | 21 312.99 | 2 197.21 | 1 078.48 |
| 上海 | 512 317.63 | 492 609.78 | 121 575.51 | 24 813.67 |
| 江苏 | 243 182.81 | 172 460.44 | 10 695.95 | 8 712.18 |
| 浙江 | 311 191.36 | 149 459.02 | 10 579.44 | 7 553.19 |
| 安徽 | 49 447.88 | 20 588.49 | 1 297.13 | 1 002.67 |
| 福建 | 323 754.01 | 186 933.15 | 14 253.98 | 9 818.00 |
| 江西 | 24 123.55 | 13 232.59 | －1 081.15 | 717.48 |
| 山东 | 302 795.79 | 87 980.86 | －664.73 | 4 270.73 |
| 河南 | 84 792.02 | 48 860.83 | －3 427.44 | 2 382.19 |
| 湖北 | 117 765.37 | 48 900.98 | 12 662.07 | 2 448.42 |
| 湖南 | 87 708.47 | 30 371.77 | －1 019.51 | 1 620.30 |
| 广东 | 1 611 873.90 | 608 542.95 | 44 715.72 | 32 774.21 |
| 广西 | 226 357.32 | 56 286.17 | －3 453.82 | 2 908.15 |
| 海南 | 260 097.92 | 145 744.88 | 38 006.06 | 7 467.79 |
| 重庆 | 59 820.30 | 38 363.10 | 7 803.50 | 1 894.30 |
| 四川 | 7 881.24 | 1 458.80 | －80.82 | 73.47 |
| 贵州 | 9 249.50 | 3 753.50 | －216.70 | 194.50 |
| 云南 | 74 213.89 | 23 995.60 | 4 698.29 | 1 105.71 |
| 西藏 | 1 431.29 | 47.75 | －39.73 | 2.56 |
| 陕西 | 204 675.98 | 65 648.86 | 6 875.15 | 3 229.41 |
| 甘肃 | 38 904.30 | 6 375.00 | 254.90 | 320.00 |
| 青海 | 4 614.64 | 3 506.08 | －785.94 | 179.32 |
| 宁夏 | 12 714.30 | 5 029.70 | 162.10 | 255.60 |
| 新疆 | 96 623.06 | 17 873.31 | 837.23 | 893.40 |

## 主要经济指标(按地区分)

| 利润率 (%) | 全员劳动生产率 (万元/人) | 人均实现利税 (万元/人) | 人均实现营业税金 (万元/人) | 人均固定资产原值 (万元/人) | 从业人员 (人) | 企业数 (家) |
|---|---|---|---|---|---|---|
| **10.39** | **21.00** | **1.06** | **2.18** | **50.03** | **159 260** | **537** |
| 13.55 | 32.01 | 1.56 | 4.34 | 87.22 | 25 410 | 55 |
| -12.92 | 15.13 | 0.76 | -1.95 | 26.79 | 2 579 | 11 |
| -6.40 | 8.83 | 0.46 | -0.56 | 21.67 | 1 305 | 7 |
| -1.67 | 9.80 | 0.50 | -0.16 | 11.91 | 812 | 3 |
| 4.75 | 20.80 | 1.02 | 0.99 | 87.66 | 642 | 1 |
| -15.04 | 16.59 | 0.83 | -2.49 | 69.65 | 11 031 | 45 |
| 15.41 | 21.06 | 0.83 | 3.24 | 70.40 | 1 270 | 4 |
| 10.31 | 25.28 | 1.28 | 2.61 | 76.96 | 843 | 6 |
| 24.68 | 37.50 | 1.89 | 9.26 | 39.00 | 13 136 | 31 |
| 6.20 | 18.70 | 0.94 | 1.16 | 26.36 | 9 224 | 31 |
| 7.08 | 21.34 | 1.08 | 1.51 | 44.42 | 7 005 | 26 |
| 6.30 | 10.84 | 0.53 | 0.68 | 26.03 | 1 900 | 11 |
| 7.63 | 15.68 | 0.82 | 1.20 | 27.16 | 11 920 | 44 |
| -8.17 | 10.86 | 0.59 | -0.89 | 19.79 | 1 219 | 8 |
| -0.76 | 15.37 | 0.75 | -0.12 | 52.89 | 5 725 | 22 |
| -7.01 | 12.46 | 0.61 | -0.87 | 21.62 | 3 922 | 11 |
| 25.89 | 15.41 | 0.77 | 3.99 | 37.11 | 3 173 | 13 |
| -3.36 | 7.66 | 0.41 | -0.26 | 22.11 | 3 967 | 20 |
| 7.35 | 18.47 | 0.99 | 1.36 | 48.91 | 32 954 | 110 |
| -6.14 | 13.70 | 0.71 | -0.84 | 55.12 | 4 107 | 14 |
| 26.08 | 22.61 | 1.16 | 5.90 | 40.36 | 6 445 | 21 |
| 20.34 | 18.94 | 0.93 | 3.85 | 29.53 | 2 026 | 4 |
| -5.54 | 5.40 | 0.27 | -0.30 | 29.19 | 270 | 1 |
| -5.77 | 9.43 | 0.49 | -0.54 | 23.24 | 398 | 2 |
| 19.58 | 12.62 | 0.58 | 2.47 | 39.02 | 1 902 | 15 |
| -83.20 | 1.59 | 0.09 | -1.32 | 47.71 | 30 | 1 |
| 10.47 | 19.85 | 0.98 | 2.08 | 61.87 | 3 308 | 9 |
| 4.00 | 10.92 | 0.55 | 0.44 | 66.62 | 584 | 2 |
| -22.42 | 9.37 | 0.48 | -2.10 | 12.34 | 374 | 2 |
| 3.22 | 10.61 | 0.54 | 0.34 | 26.82 | 474 | 2 |
| 4.68 | 13.70 | 0.68 | 0.64 | 74.04 | 1 305 | 5 |

# 二、分地区旅游企业资料

## 2-1 北京市旅游

| | 固定资产<br>原值<br>(万元) | 营业收入<br>(万元) | 利润<br>(万元) | 营业税金<br>(万元) |
|---|---|---|---|---|
| (一)旅行社 | 165 754.75 | 4 006 862.97 | 189 852.05 | 20 152.96 |
| (二)星级饭店 | 6 366 158.60 | 2 529 197.10 | 65 807.70 | 131 822.80 |
| 内资饭店 | 4 149 952.80 | 1 715 910.90 | -44 381.50 | 92 261.10 |
| 外资饭店 | 2 216 205.80 | 813 286.20 | 110 189.20 | 39 561.70 |

## 2-2 天津市旅游

| | 固定资产<br>原值<br>(万元) | 营业收入<br>(万元) | 利润<br>(万元) | 营业税金<br>(万元) |
|---|---|---|---|---|
| (一)旅行社 | 50 803.43 | 196 748.13 | 11 434.03 | 1 992.20 |
| (二)星级饭店 | 379 464.73 | 232 490.67 | -14 883.51 | 12 660.30 |
| 内资饭店 | 310 372.41 | 193 462.24 | -9 842.36 | 10 706.89 |
| 外资饭店 | 69 092.31 | 39 028.44 | -5 041.14 | 1 953.41 |

## 企业主要经济指标

| 利润率<br>(%) | 全员劳动生产率<br>(万元/人) | 人均实现利税<br>(万元/人) | 人均实现利润<br>(万元/人) | 人均固定资产原值<br>(万元/人) | 从业人员<br>(人) | 企业数<br>(家) |
|---|---|---|---|---|---|---|
| 0.05 | 200.78 | 1.01 | 9.51 | 8.31 | 19 956 | 905 |
| 0.03 | 19.86 | 0.52 | 1.03 | 49.98 | 127 379 | 644 |
| -2.59 | 16.83 | 0.90 | -0.44 | 40.70 | 101 969 | 589 |
| 13.55 | 32.01 | 1.56 | 4.34 | 87.22 | 25 410 | 55 |

## 企业主要经济指标

| 利润率<br>(%) | 全员劳动生产率<br>(万元/人) | 人均实现利税<br>(万元/人) | 人均实现利润<br>(万元/人) | 人均固定资产原值<br>(万元/人) | 从业人员<br>(人) | 企业数<br>(家) |
|---|---|---|---|---|---|---|
| 0.06 | 42.07 | 0.43 | 2.44 | 10.86 | 4 677 | 310 |
| -6.40 | 13.19 | -0.84 | 0.72 | 21.52 | 17 630 | 99 |
| -5.09 | 12.85 | 0.71 | -0.65 | 20.62 | 15 051 | 88 |
| -12.92 | 15.13 | 0.76 | -1.95 | 26.79 | 2 579 | 11 |

# 2-3 河北省旅游

| | 固定资产<br>原　　值<br>（万元） | 营业收入<br>（万元） | 利　润<br>（万元） | 营业税金<br>（万元） |
|---|---|---|---|---|
| （一）旅行社 | 5 867 416.03 | 258 169.86 | 14 276.97 | 2 805.73 |
| （二）星级饭店 | 801 127.44 | 286 637.75 | -32 743.32 | 15 949.99 |
| 内资饭店 | 772 848.64 | 275 118.35 | -32 006.42 | 15 354.89 |
| 外资饭店 | 28 278.80 | 11 519.40 | -736.90 | 595.10 |

# 2-4 山西省旅游

| | 固定资产<br>原　　值<br>（万元） | 营业收入<br>（万元） | 利　润<br>（万元） | 营业税金<br>（万元） |
|---|---|---|---|---|
| （一）旅行社 | 15 232.92 | 211 832.39 | 10 774.74 | 1 748.71 |
| （二）星级饭店 | 670 574.77 | 372 425.54 | -11 005.54 | 19 840.77 |
| 内资饭店 | 660 906.47 | 364 471.34 | -10 873.04 | 19 438.07 |
| 外资饭店 | 9 668.30 | 7 954.20 | -132.50 | 402.70 |

# 企业主要经济指标

| 利润率<br>(%) | 全员劳动生产率<br>(万元/人) | 人均实现利税<br>(万元/人) | 人均实现利润<br>(万元/人) | 人均固定资产原值<br>(万元/人) | 从业人员<br>(人) | 企业数<br>(家) |
|---|---|---|---|---|---|---|
| 0.06 | 43.54 | 0.47 | 2.41 | 989.45 | 5 930 | 1 148 |
| -11.42 | 9.16 | -1.05 | 0.51 | 25.60 | 31 288 | 198 |
| -11.63 | 9.18 | 0.51 | -1.07 | 25.78 | 29 983 | 191 |
| -6.40 | 8.83 | 0.46 | -0.56 | 21.67 | 1 305 | 7 |

# 企业主要经济指标

| 利润率<br>(%) | 全员劳动生产率<br>(万元/人) | 人均实现利税<br>(万元/人) | 人均实现利润<br>(万元/人) | 人均固定资产原值<br>(万元/人) | 从业人员<br>(人) | 企业数<br>(家) |
|---|---|---|---|---|---|---|
| 0.05 | 26.72 | 0.22 | 1.36 | 1.92 | 7 927 | 755 |
| -2.96 | 8.79 | -0.26 | 0.47 | 15.82 | 42 391 | 255 |
| -2.98 | 8.77 | 0.47 | -0.26 | 15.90 | 41 579 | 252 |
| -1.67 | 9.80 | 0.50 | -0.16 | 11.91 | 812 | 3 |

# 2-5 内蒙古自治区旅游

| | 固定资产原值（万元） | 营业收入（万元） | 利润（万元） | 营业税金（万元） |
|---|---|---|---|---|
| （一）旅行社 | 10 662.96 | 135 809.26 | 8 849.15 | 1 464.42 |
| （二）星级饭店 | 585 301.53 | 272 032.72 | 224.83 | 13 385.77 |
| 内资饭店 | 529 025.03 | 258 678.22 | -409.67 | 12 728.17 |
| 外资饭店 | 56 276.50 | 13 354.50 | 634.50 | 657.60 |

# 2-6 辽宁省旅游

| | 固定资产原值（万元） | 营业收入（万元） | 利润（万元） | 营业税金（万元） |
|---|---|---|---|---|
| （一）旅行社 | 26 861.86 | 520 219.44 | 23 561.15 | 4 216.08 |
| （二）星级饭店 | 1 922 152.73 | 655 577.64 | -42 342.41 | 34 012.97 |
| 内资饭店 | 1 153 890.03 | 472 576.18 | -14 823.82 | 24 827.73 |
| 外资饭店 | 768 262.70 | 183 001.47 | -27 518.59 | 9 185.25 |

# 企业主要经济指标

| 利润率<br>(%) | 全员劳动<br>生产率<br>(万元/人) | 人均实现<br>利税<br>(万元/人) | 人均实现<br>利润<br>(万元/人) | 人均固定<br>资产原值<br>(万元/人) | 从业人员<br>(人) | 企业数<br>(家) |
|---|---|---|---|---|---|---|
| 0.07 | 31.89 | 0.34 | 2.08 | 2.50 | 4 259 | 677 |
| 0.08 | 10.37 | 0.01 | 0.51 | 22.31 | 26 240 | 239 |
| -0.16 | 10.11 | 0.50 | -0.02 | 20.67 | 25 598 | 238 |
| 4.75 | 20.80 | 1.02 | 0.99 | 87.66 | 642 | 1 |

# 企业主要经济指标

| 利润率<br>(%) | 全员劳动<br>生产率<br>(万元/人) | 人均实现<br>利税<br>(万元/人) | 人均实现<br>利润<br>(万元/人) | 人均固定<br>资产原值<br>(万元/人) | 从业人员<br>(人) | 企业数<br>(家) |
|---|---|---|---|---|---|---|
| 0.05 | 78.01 | 0.63 | 3.53 | 4.03 | 6 669 | 1 145 |
| -6.46 | 12.79 | -0.83 | 0.66 | 37.50 | 51 257 | 432 |
| -3.14 | 11.75 | 0.62 | -0.37 | 28.69 | 40 226 | 387 |
| -15.04 | 16.59 | 0.83 | -2.49 | 69.65 | 11 031 | 45 |

## 2－7　吉林省旅游

| | 固定资产原　　值（万元） | 营业收入（万元） | 利　润（万元） | 营业税金（万元） |
|---|---|---|---|---|
| （一）旅行社 | 9 740.33 | 97 595.60 | 13 518.57 | 2 070.76 |
| （二）星级饭店 | 824 620.10 | 269 498.06 | －19 275.24 | 13 586.86 |
| 内资饭店 | 735 211.20 | 242 749.26 | －23 395.94 | 12 531.86 |
| 外资饭店 | 89 408.90 | 26 748.80 | 4 120.70 | 1 055.00 |

## 2－8　黑龙江省旅游

| | 固定资产原　　值（万元） | 营业收入（万元） | 利　润（万元） | 营业税金（万元） |
|---|---|---|---|---|
| （一）旅行社 | 34 764.43 | 218 751.19 | 12 526.61 | 3 262.64 |
| （二）星级饭店 | 588 988.84 | 197 848.04 | 2 393.38 | 10 467.34 |
| 内资饭店 | 524 111.22 | 176 535.05 | 196.17 | 9 388.87 |
| 外资饭店 | 64 877.62 | 21 312.99 | 2 197.21 | 1 078.48 |

## 企业主要经济指标

| 利润率<br>（%） | 全员劳动<br>生产率<br>（万元/人） | 人均实现<br>利税<br>（万元/人） | 人均实现<br>利润<br>（万元/人） | 人均固定<br>资产原值<br>（万元/人） | 从业人员<br>（人） | 企业数<br>（家） |
|---|---|---|---|---|---|---|
| 0.14 | 34.49 | 0.73 | 4.78 | 3.44 | 2 830 | 521 |
| -7.15 | 11.76 | -0.84 | 0.59 | 35.97 | 22 924 | 207 |
| -9.64 | 11.21 | 0.58 | -1.08 | 33.95 | 21 654 | 203 |
| 15.41 | 21.06 | 0.83 | 3.24 | 70.40 | 1 270 | 4 |

## 企业主要经济指标

| 利润率<br>（%） | 全员劳动<br>生产率<br>（万元/人） | 人均实现<br>利税<br>（万元/人） | 人均实现<br>利润<br>（万元/人） | 人均固定<br>资产原值<br>（万元/人） | 从业人员<br>（人） | 企业数<br>（家） |
|---|---|---|---|---|---|---|
| 0.06 | 57.19 | 0.85 | 3.27 | 9.09 | 3 825 | 601 |
| 1.21 | 9.47 | 0.11 | 0.50 | 28.18 | 20 902 | 246 |
| 0.11 | 8.80 | 0.47 | 0.01 | 26.13 | 20 059 | 240 |
| 10.31 | 25.28 | 1.28 | 2.61 | 76.96 | 843 | 6 |

# 2－9 上海市旅游

| | 固定资产原值（万元） | 营业收入（万元） | 利润（万元） | 营业税金（万元） |
|---|---|---|---|---|
| （一）旅行社 | 63 365.49 | 2 979 856.39 | 146 450.30 | 20 284.72 |
| （二）星级饭店 | 3 610 729.61 | 1 904 729.15 | 262 711.88 | 99 408.07 |
| 内资饭店 | 3 098 411.98 | 1 412 119.37 | 141 136.37 | 74 594.40 |
| 外资饭店 | 512 317.63 | 492 609.78 | 121 575.51 | 24 813.67 |

# 2－10 江苏省旅游

| | 固定资产原值（万元） | 营业收入（万元） | 利润（万元） | 营业税金（万元） |
|---|---|---|---|---|
| （一）旅行社 | 107 425.98 | 1 839 747.26 | 110 432.73 | 18 115.26 |
| （二）星级饭店 | 2 872 650.94 | 1 607 772.63 | －12 081.60 | 85 673.49 |
| 内资饭店 | 2 629 468.13 | 1 435 312.19 | －22 777.55 | 76 961.31 |
| 外资饭店 | 243 182.81 | 172 460.44 | 10 695.95 | 8 712.18 |

## 企业主要经济指标

| 利润率（%） | 全员劳动生产率（万元/人） | 人均实现利税（万元/人） | 人均实现利润（万元/人） | 人均固定资产原值（万元/人） | 从业人员（人） | 企业数（家） |
|---|---|---|---|---|---|---|
| 0.05 | 183.77 | 1.25 | 9.03 | 3.91 | 16 215 | 867 |
| 13.79 | 27.27 | 3.76 | 1.42 | 51.70 | 69 837 | 291 |
| 9.99 | 24.90 | 1.32 | 2.49 | 54.64 | 56 701 | 260 |
| 24.68 | 37.50 | 1.89 | 9.26 | 39.00 | 13 136 | 31 |

## 企业主要经济指标

| 利润率（%） | 全员劳动生产率（万元/人） | 人均实现利税（万元/人） | 人均实现利润（万元/人） | 人均固定资产原值（万元/人） | 从业人员（人） | 企业数（家） |
|---|---|---|---|---|---|---|
| 0.06 | 97.82 | 0.96 | 5.87 | 5.71 | 18 807 | 1 805 |
| -0.75 | 15.00 | -0.11 | 0.80 | 26.80 | 107 173 | 702 |
| -1.59 | 14.65 | 0.79 | -0.23 | 26.85 | 97 949 | 671 |
| 6.20 | 18.70 | 0.94 | 1.16 | 26.36 | 9 224 | 31 |

## 2-11 浙江省旅游

| | 固定资产原值（万元） | 营业收入（万元） | 利润（万元） | 营业税金（万元） |
|---|---|---|---|---|
| （一）旅行社 | 97 024.11 | 2 056 688.86 | 111 091.11 | 18 321.34 |
| （二）星级饭店 | 3 043 967.85 | 2 261 029.23 | 83 859.31 | 101 374.57 |
| 内资饭店 | 2 732 776.49 | 2 111 570.21 | 73 279.87 | 93 821.38 |
| 外资饭店 | 311 191.36 | 149 459.02 | 10 579.44 | 7 553.19 |

## 2-12 安徽省旅游

| | 固定资产原值（万元） | 营业收入（万元） | 利润（万元） | 营业税金（万元） |
|---|---|---|---|---|
| （一）旅行社 | 51 407.74 | 433 178.35 | 24 723.32 | 5 947.51 |
| （二）星级饭店 | 1 014 069.55 | 492 006.22 | 15 514.99 | 26 086.25 |
| 内资饭店 | 964 621.68 | 471 417.72 | 14 217.85 | 25 083.58 |
| 外资饭店 | 49 447.88 | 20 588.49 | 1 297.13 | 1 002.67 |

## 企业主要经济指标

| 利润率（%） | 全员劳动生产率（万元/人） | 人均实现利税（万元/人） | 人均实现利润（万元/人） | 人均固定资产原值（万元/人） | 从业人员（人） | 企业数（家） |
|---|---|---|---|---|---|---|
| 0.05 | 92.64 | 0.83 | 5.00 | 4.37 | 22 202 | 1 639 |
| 3.71 | 20.36 | 0.76 | 0.91 | 27.42 | 111 027 | 814 |
| 3.47 | 20.30 | 0.90 | 0.70 | 26.27 | 104 022 | 788 |
| 7.08 | 21.34 | 1.08 | 1.51 | 44.42 | 7 005 | 26 |

## 企业主要经济指标

| 利润率（%） | 全员劳动生产率（万元/人） | 人均实现利税（万元/人） | 人均实现利润（万元/人） | 人均固定资产原值（万元/人） | 从业人员（人） | 企业数（家） |
|---|---|---|---|---|---|---|
| 0.06 | 47.13 | 0.65 | 2.69 | 5.59 | 9 191 | 904 |
| 3.15 | 10.86 | 0.34 | 0.58 | 22.38 | 45 306 | 417 |
| 3.02 | 10.86 | 0.58 | 0.33 | 22.22 | 43 406 | 406 |
| 6.30 | 10.84 | 0.53 | 0.68 | 26.03 | 1 900 | 11 |

## 2－13　福建省旅游

| | 固定资产原　　值（万元） | 营业收入（万元） | 利　润（万元） | 营业税金（万元） |
|---|---|---|---|---|
| （一）旅行社 | 56 529.91 | 759 142.23 | 34 481.24 | 7 211.64 |
| （二）星级饭店 | 1 179 894.47 | 715 434.55 | 31 781.99 | 40 748.71 |
| 内资饭店 | 856 140.46 | 528 501.40 | 17 528.01 | 30 930.71 |
| 外资饭店 | 323 754.01 | 186 933.15 | 14 253.98 | 9 818.00 |

## 2－14　江西省旅游

| | 固定资产原　　值（万元） | 营业收入（万元） | 利　润（万元） | 营业税金（万元） |
|---|---|---|---|---|
| （一）旅行社 | 9 311.02 | 183 014.15 | 6 075.02 | 1 529.41 |
| （二）星级饭店 | 583 206.81 | 258 904.94 | 73.74 | 13 856.02 |
| 内资饭店 | 559 083.26 | 245 672.35 | 1 154.89 | 13 138.54 |
| 外资饭店 | 24 123.55 | 13 232.59 | －1 081.15 | 717.48 |

# 企业主要经济指标

| 利润率（%） | 全员劳动生产率（万元/人） | 人均实现利税（万元/人） | 人均实现利润（万元/人） | 人均固定资产原值（万元/人） | 从业人员（人） | 企业数（家） |
|---|---|---|---|---|---|---|
| 0.05 | 71.19 | 0.68 | 3.23 | 5.30 | 10 664 | 718 |
| 4.44 | 12.14 | 0.54 | 0.69 | 20.03 | 58 918 | 374 |
| 3.32 | 11.25 | 0.66 | 0.37 | 18.22 | 46 998 | 330 |
| 7.63 | 15.68 | 0.82 | 1.20 | 27.16 | 11 920 | 44 |

# 企业主要经济指标

| 利润率（%） | 全员劳动生产率（万元/人） | 人均实现利税（万元/人） | 人均实现利润（万元/人） | 人均固定资产原值（万元/人） | 从业人员（人） | 企业数（家） |
|---|---|---|---|---|---|---|
| 0.03 | 39.26 | 0.33 | 1.30 | 2.00 | 4 662 | 699 |
| 0.03 | 9.12 | 0.00 | 0.49 | 20.55 | 28 380 | 311 |
| 0.47 | 9.05 | 0.48 | 0.04 | 20.58 | 27 161 | 303 |
| -8.17 | 10.86 | 0.59 | -0.89 | 19.79 | 1 219 | 8 |

## 2－15　山东省旅游

| | 固定资产原　　值（万元） | 营业收入（万元） | 利　润（万元） | 营业税金（万元） |
|---|---|---|---|---|
| （一）旅行社 | 358 892.07 | 1 063 177.98 | 66 918.93 | 12 976.72 |
| （二）星级饭店 | 3 606 358.45 | 1 422 372.82 | 22 193.40 | 72 236.68 |
| 内资饭店 | 3 303 562.65 | 1 334 391.96 | 22 858.13 | 67 965.95 |
| 外资饭店 | 302 795.79 | 87 980.86 | －664.73 | 4 270.73 |

## 2－16　河南省旅游

| | 固定资产原　　值（万元） | 营业收入（万元） | 利　润（万元） | 营业税金（万元） |
|---|---|---|---|---|
| （一）旅行社 | 140 352.38 | 534 860.90 | 56 470.44 | 6 362.84 |
| （二）星级饭店 | 956 867.35 | 519 214.45 | －21 753.84 | 27 919.14 |
| 内资饭店 | 872 075.33 | 470 353.62 | －18 326.39 | 25 536.94 |
| 外资饭店 | 84 792.02 | 48 860.83 | －3 427.44 | 2 382.19 |

# 企业主要经济指标

| 利润率<br>（%） | 全员劳动<br>生产率<br>（万元/人） | 人均实现<br>利税<br>（万元/人） | 人均实现<br>利润<br>（万元/人） | 人均固定<br>资产原值<br>（万元/人） | 从业人员<br>（人） | 企业数<br>（家） |
|---|---|---|---|---|---|---|
| 0.06 | 55.41 | 0.68 | 3.49 | 18.70 | 19 187 | 1 842 |
| 1.56 | 11.94 | 0.19 | 0.61 | 30.27 | 119 122 | 895 |
| 1.71 | 11.77 | 0.60 | 0.20 | 29.13 | 113 397 | 873 |
| −0.76 | 15.37 | 0.75 | −0.12 | 52.89 | 5 725 | 22 |

# 企业主要经济指标

| 利润率<br>（%） | 全员劳动<br>生产率<br>（万元/人） | 人均实现<br>利税<br>（万元/人） | 人均实现<br>利润<br>（万元/人） | 人均固定<br>资产原值<br>（万元/人） | 从业人员<br>（人） | 企业数<br>（家） |
|---|---|---|---|---|---|---|
| 0.11 | 57.38 | 0.68 | 6.06 | 15.06 | 9 322 | 1 096 |
| −4.19 | 9.20 | −0.39 | 0.49 | 16.95 | 56 464 | 386 |
| −3.90 | 8.95 | 0.49 | −0.35 | 16.60 | 52 542 | 375 |
| −7.01 | 12.46 | 0.61 | −0.87 | 21.62 | 3 922 | 11 |

## 2－17　湖北省旅游

| | 固定资产原　值（万元） | 营业收入（万元） | 利　润（万元） | 营业税金（万元） |
|---|---|---|---|---|
| (一)旅行社 | 384 775.57 | 592 351.32 | 44 421.91 | 9 298.30 |
| (二)星级饭店 | 1 063 351.61 | 439 279.71 | 7 473.46 | 22 512.85 |
| 内资饭店 | 945 586.24 | 390 378.73 | －5 188.62 | 20 064.43 |
| 外资饭店 | 117 765.37 | 48 900.98 | 12 662.07 | 2 448.42 |

## 2－18　湖南省旅游

| | 固定资产原　值（万元） | 营业收入（万元） | 利　润（万元） | 营业税金（万元） |
|---|---|---|---|---|
| (一)旅行社 | 38 214.38 | 933 982.91 | 33 615.50 | 5 799.34 |
| (二)星级饭店 | 1 449 071.02 | 662 449.00 | 12 236.59 | 33 152.24 |
| 内资饭店 | 1 361 362.55 | 632 077.23 | 13 256.11 | 31 531.93 |
| 外资饭店 | 87 708.47 | 30 371.77 | －1 019.51 | 1 620.30 |

## 企业主要经济指标

| 利润率<br>（%） | 全员劳动生产率<br>（万元/人） | 人均实现利税<br>（万元/人） | 人均实现利润<br>（万元/人） | 人均固定资产原值<br>（万元/人） | 从业人员<br>（人） | 企业数<br>（家） |
|---|---|---|---|---|---|---|
| 0.07 | 41.71 | 0.65 | 3.13 | 27.09 | 14 201 | 931 |
| 1.70 | 9.69 | 0.16 | 0.50 | 23.45 | 45 349 | 455 |
| -1.33 | 9.26 | 0.48 | -0.12 | 22.42 | 42 176 | 442 |
| 25.89 | 15.41 | 0.77 | 3.99 | 37.11 | 3 173 | 13 |

## 企业主要经济指标

| 利润率<br>（%） | 全员劳动生产率<br>（万元/人） | 人均实现利税<br>（万元/人） | 人均实现利润<br>（万元/人） | 人均固定资产原值<br>（万元/人） | 从业人员<br>（人） | 企业数<br>（家） |
|---|---|---|---|---|---|---|
| 0.04 | 85.87 | 0.53 | 3.09 | 3.51 | 10 877 | 681 |
| 1.85 | 11.22 | 0.21 | 0.56 | 24.54 | 59 049 | 433 |
| 2.10 | 11.48 | 0.57 | 0.24 | 24.72 | 55 082 | 413 |
| -3.36 | 7.66 | 0.41 | -0.26 | 22.11 | 3 967 | 20 |

# 2－19 广东省旅游

| | 固定资产原值（万元） | 营业收入（万元） | 利润（万元） | 营业税金（万元） |
|---|---|---|---|---|
| （一）旅行社 | 144 185.87 | 3 499 536.55 | 199 609.56 | 29 975.83 |
| （二）星级饭店 | 4 717 019.10 | 2 534 983.17 | 103 676.45 | 145 830.38 |
| 内资饭店 | 3 105 145.20 | 1 926 440.22 | 58 960.72 | 113 056.17 |
| 外资饭店 | 1 611 873.90 | 608 542.95 | 44 715.72 | 32 774.21 |

# 2－20 广西壮族自治区旅游

| | 固定资产原值（万元） | 营业收入（万元） | 利润（万元） | 营业税金（万元） |
|---|---|---|---|---|
| （一）旅行社 | 22 590.03 | 337 208.85 | 24 431.34 | 1 523.74 |
| （二）星级饭店 | 939 238.09 | 392 550.49 | －12 748.44 | 21 099.52 |
| 内资饭店 | 712 880.77 | 336 264.33 | －9 294.62 | 18 191.37 |
| 外资饭店 | 226 357.32 | 56 286.17 | －3 453.82 | 2 908.15 |

## 企业主要经济指标

| 利润率<br>（%） | 全员劳动生产率<br>（万元/人） | 人均实现利税<br>（万元/人） | 人均实现利润<br>（万元/人） | 人均固定资产原值<br>（万元/人） | 从业人员<br>（人） | 企业数<br>（家） |
|---|---|---|---|---|---|---|
| 0.06 | 105.62 | 0.90 | 6.02 | 4.35 | 33 134 | 1 247 |
| 4.09 | 13.44 | 0.55 | 0.77 | 25.01 | 188 642 | 1 008 |
| 3.06 | 12.37 | 0.73 | 0.38 | 19.94 | 155 688 | 898 |
| 7.35 | 18.47 | 0.99 | 1.36 | 48.91 | 32 954 | 110 |

## 企业主要经济指标

| 利润率<br>（%） | 全员劳动生产率<br>（万元/人） | 人均实现利税<br>（万元/人） | 人均实现利润<br>（万元/人） | 人均固定资产原值<br>（万元/人） | 从业人员<br>（人） | 企业数<br>（家） |
|---|---|---|---|---|---|---|
| 0.07 | 58.02 | 0.26 | 4.20 | 3.89 | 5 812 | 428 |
| -3.25 | 9.24 | -0.30 | 0.50 | 22.11 | 42 479 | 379 |
| -2.76 | 8.76 | 0.47 | -0.24 | 18.58 | 38 372 | 365 |
| -6.14 | 13.70 | 0.71 | -0.84 | 55.12 | 4 107 | 14 |

## 2－21 海南省旅游

| | 固定资产原值（万元） | 营业收入（万元） | 利润（万元） | 营业税金（万元） |
|---|---|---|---|---|
| （一）旅行社 | 10 148.43 | 286 631.45 | 13 675.74 | 1 165.65 |
| （二）星级饭店 | 999 377.09 | 362 769.67 | 51 523.86 | 19 197.57 |
| 内资饭店 | 739 279.17 | 217 024.80 | 13 517.81 | 11 729.78 |
| 外资饭店 | 260 097.92 | 145 744.88 | 38 006.06 | 7 467.79 |

## 2－22 重庆市旅游

| | 固定资产原值（万元） | 营业收入（万元） | 利润（万元） | 营业税金（万元） |
|---|---|---|---|---|
| （一）旅行社 | 53 726.92 | 552 120.19 | 17 825.81 | 5 491.81 |
| （二）星级饭店 | 738 708.89 | 388 962.35 | 4 004.15 | 20 603.22 |
| 内资饭店 | 678 888.59 | 350 599.25 | －3 799.35 | 18 708.92 |
| 外资饭店 | 59 820.30 | 38 363.10 | 7 803.50 | 1 894.30 |

## 企业主要经济指标

| 利润率（%） | 全员劳动生产率（万元/人） | 人均实现利税（万元/人） | 人均实现利润（万元/人） | 人均固定资产原值（万元/人） | 从业人员（人） | 企业数（家） |
|---|---|---|---|---|---|---|
| 0.05 | 56.47 | 0.23 | 2.69 | 2.00 | 5 076 | 299 |
| 14.20 | 14.15 | 2.01 | 0.75 | 38.97 | 25 643 | 186 |
| 6.23 | 11.30 | 0.61 | 0.70 | 38.51 | 19 198 | 165 |
| 26.08 | 22.61 | 1.16 | 5.90 | 40.36 | 6 445 | 21 |

## 企业主要经济指标

| 利润率（%） | 全员劳动生产率（万元/人） | 人均实现利税（万元/人） | 人均实现利润（万元/人） | 人均固定资产原值（万元/人） | 从业人员（人） | 企业数（家） |
|---|---|---|---|---|---|---|
| 0.03 | 83.03 | 0.83 | 2.68 | 8.08 | 6 650 | 379 |
| 1.03 | 10.95 | 0.11 | 0.58 | 20.80 | 35 512 | 246 |
| -1.08 | 10.47 | 0.56 | -0.11 | 20.27 | 33 486 | 242 |
| 20.34 | 18.94 | 0.93 | 3.85 | 29.53 | 2 026 | 4 |

## 2－23 四川省旅游

| | 固定资产原值（万元） | 营业收入（万元） | 利润（万元） | 营业税金（万元） |
|---|---|---|---|---|
| （一）旅行社 | 27 342.55 | 348 427.71 | 8 946.12 | 2 695.51 |
| （二）星级饭店 | 1 589 774.32 | 653 180.52 | 14 829.26 | 35 277.39 |
| 内资饭店 | 1 581 893.08 | 651 721.72 | 14 910.08 | 35 203.92 |
| 外资饭店 | 7 881.24 | 1 458.80 | －80.82 | 73.47 |

## 2－24 贵州省旅游

| | 固定资产原值（万元） | 营业收入（万元） | 利润（万元） | 营业税金（万元） |
|---|---|---|---|---|
| （一）旅行社 | 5 449.96 | 111 682.17 | 4 167.96 | 564.98 |
| （二）星级饭店 | 314 034.70 | 185 072.84 | 10 868.20 | 10 261.33 |
| 内资饭店 | 304 785.20 | 181 319.34 | 11 084.90 | 10 066.83 |
| 外资饭店 | 9 249.50 | 3 753.50 | －216.70 | 194.50 |

## 企业主要经济指标

| 利润率<br>(%) | 全员劳动生产率<br>(万元/人) | 人均实现利税<br>(万元/人) | 人均实现利润<br>(万元/人) | 人均固定资产原值<br>(万元/人) | 从业人员<br>(人) | 企业数<br>(家) |
|---|---|---|---|---|---|---|
| 0.03 | 52.90 | 0.41 | 1.36 | 4.15 | 6 586 | 730 |
| 2.27 | 11.88 | 0.27 | 0.64 | 28.92 | 54 973 | 395 |
| 2.29 | 11.91 | 0.64 | 0.27 | 28.92 | 54 703 | 394 |
| -5.54 | 5.40 | 0.27 | -0.30 | 29.19 | 270 | 1 |

## 企业主要经济指标

| 利润率<br>(%) | 全员劳动生产率<br>(万元/人) | 人均实现利税<br>(万元/人) | 人均实现利润<br>(万元/人) | 人均固定资产原值<br>(万元/人) | 从业人员<br>(人) | 企业数<br>(家) |
|---|---|---|---|---|---|---|
| 0.04 | 49.92 | 0.25 | 1.86 | 2.44 | 2 237 | 261 |
| 5.87 | 8.67 | 0.51 | 0.48 | 14.72 | 21 335 | 324 |
| 6.11 | 8.66 | 0.48 | 0.53 | 14.56 | 20 937 | 322 |
| -5.77 | 9.43 | 0.49 | -0.54 | 23.24 | 398 | 2 |

## 2－25　云南省旅游

| | 固定资产原值(万元) | 营业收入(万元) | 利润(万元) | 营业税金(万元) |
|---|---|---|---|---|
| (一)旅行社 | 47 160.98 | 679 395.91 | 23 628.73 | 4 316.34 |
| (二)星级饭店 | 1 335 130.28 | 367 491.42 | 2 595.90 | 20 834.36 |
| 内资饭店 | 1 260 916.40 | 343 495.83 | －2 102.39 | 19 728.65 |
| 外资饭店 | 74 213.89 | 23 995.60 | 4 698.29 | 1 105.71 |

## 2－26　西藏自治区旅游

| | 固定资产原值(万元) | 营业收入(万元) | 利润(万元) | 营业税金(万元) |
|---|---|---|---|---|
| (一)旅行社 | 5 312.91 | 27 446.25 | 2 055.37 | 212.18 |
| (二)星级饭店 | 239 244.39 | 41 387.61 | 1 103.61 | 2 062.34 |
| 内资饭店 | 237 813.10 | 41 339.86 | 1 143.34 | 2 059.78 |
| 外资饭店 | 1 431.29 | 47.75 | －39.73 | 2.56 |

# 企业主要经济指标

| 利润率（%） | 全员劳动生产率（万元/人） | 人均实现利税（万元/人） | 人均实现利润（万元/人） | 人均固定资产原值（万元/人） | 从业人员（人） | 企业数（家） |
|---|---|---|---|---|---|---|
| 0.03 | 60.14 | 0.38 | 2.09 | 4.18 | 11 296 | 531 |
| 0.71 | 8.79 | 0.06 | 0.50 | 31.94 | 41 807 | 560 |
| -0.61 | 8.61 | 0.49 | -0.05 | 31.60 | 39 905 | 545 |
| 19.58 | 12.62 | 0.58 | 2.47 | 39.02 | 1 902 | 15 |

# 企业主要经济指标

| 利润率（%） | 全员劳动生产率（万元/人） | 人均实现利税（万元/人） | 人均实现利润（万元/人） | 人均固定资产原值（万元/人） | 从业人员（人） | 企业数（家） |
|---|---|---|---|---|---|---|
| 0.07 | 52.18 | 0.40 | 3.91 | 10.10 | 526 | 78 |
| 2.67 | 7.75 | 0.21 | 0.39 | 44.79 | 5 341 | 105 |
| 2.77 | 7.78 | 0.39 | 0.22 | 44.78 | 5 311 | 104 |
| -83.20 | 1.59 | 0.09 | -1.32 | 47.71 | 30 | 1 |

# 2－27　陕西省旅游

| | 固定资产原　　值（万元） | 营业收入（万元） | 利　润（万元） | 营业税金（万元） |
|---|---|---|---|---|
| （一）旅行社 | 12 009.82 | 350 904.82 | 13 550.15 | 1 505.24 |
| （二）星级饭店 | 1 049 052.00 | 459 303.58 | －3 026.44 | 23 568.03 |
| 内资饭店 | 844 376.02 | 393 654.72 | －9 901.59 | 20 338.61 |
| 外资饭店 | 204 675.98 | 65 648.86 | 6 875.15 | 3 229.41 |

# 2－28　甘肃省旅游

| | 固定资产原　　值（万元） | 营业收入（万元） | 利　润（万元） | 营业税金（万元） |
|---|---|---|---|---|
| （一）旅行社 | 15 894.06 | 132 829.93 | 18 216.10 | 4 586.23 |
| （二）星级饭店 | 568 325.79 | 210 410.80 | －3 695.96 | 11 114.73 |
| 内资饭店 | 529 421.49 | 204 035.80 | －3 950.86 | 10 794.73 |
| 外资饭店 | 38 904.30 | 6 375.00 | 254.90 | 320.00 |

## 企业主要经济指标

| 利润率<br>(%) | 全员劳动<br>生 产 率<br>(万元/人) | 人均实现<br>利　　税<br>(万元/人) | 人均实现<br>利　　润<br>(万元/人) | 人均固定<br>资产原值<br>(万元/人) | 从业人员<br>(人) | 企业数<br>(家) |
|---|---|---|---|---|---|---|
| 0.04 | 53.17 | 0.23 | 2.05 | 1.82 | 6 600 | 596 |
| -0.66 | 10.41 | -0.07 | 0.53 | 23.77 | 44 133 | 269 |
| -2.52 | 9.64 | 0.50 | -0.24 | 20.68 | 40 825 | 260 |
| 10.47 | 19.85 | 0.98 | 2.08 | 61.87 | 3 308 | 9 |

## 企业主要经济指标

| 利润率<br>(%) | 全员劳动<br>生 产 率<br>(万元/人) | 人均实现<br>利　　税<br>(万元/人) | 人均实现<br>利　　润<br>(万元/人) | 人均固定<br>资产原值<br>(万元/人) | 从业人员<br>(人) | 企业数<br>(家) |
|---|---|---|---|---|---|---|
| 0.14 | 52.79 | 1.82 | 7.24 | 6.32 | 2 516 | 352 |
| -1.76 | 7.25 | -0.13 | 0.38 | 19.59 | 29 016 | 311 |
| -1.94 | 7.18 | 0.38 | -0.14 | 18.62 | 28 432 | 309 |
| 4.00 | 10.92 | 0.55 | 0.44 | 66.62 | 584 | 2 |

# 2－29　青海省旅游

| | 固定资产原　　值（万元） | 营业收入（万元） | 利　润（万元） | 营业税金（万元） |
|---|---|---|---|---|
| （一）旅行社 | 4 549.78 | 33 786.50 | 2 244.93 | 192.70 |
| （二）星级饭店 | 154 204.02 | 64 313.82 | －1 401.77 | 3 491.28 |
| 内资饭店 | 149 589.39 | 60 807.74 | －615.84 | 3 311.95 |
| 外资饭店 | 4 614.64 | 3 506.08 | －785.94 | 179.32 |

# 2－30　宁夏回族自治区旅游

| | 固定资产原　　值（万元） | 营业收入（万元） | 利　润（万元） | 营业税金（万元） |
|---|---|---|---|---|
| （一）旅行社 | 1 622.01 | 51 379.80 | 1 484.82 | 263.74 |
| （二）星级饭店 | 213 270.44 | 68 964.44 | －4 359.35 | 3 405.35 |
| 内资饭店 | 200 556.14 | 63 934.74 | －4 521.45 | 3 149.75 |
| 外资饭店 | 12 714.30 | 5 029.70 | 162.10 | 255.60 |

## 企业主要经济指标

| 利润率 (%) | 全员劳动生产率 (万元/人) | 人均实现利税 (万元/人) | 人均实现利润 (万元/人) | 人均固定资产原值 (万元/人) | 从业人员 (人) | 企业数 (家) |
|---|---|---|---|---|---|---|
| 0.07 | 17.17 | 0.10 | 1.14 | 2.31 | 1 968 | 197 |
| -2.18 | 8.01 | -0.17 | 0.44 | 19.22 | 8 025 | 105 |
| -1.01 | 7.95 | 0.43 | -0.08 | 19.55 | 7 651 | 103 |
| -22.42 | 9.37 | 0.48 | -2.10 | 12.34 | 374 | 2 |

## 企业主要经济指标

| 利润率 (%) | 全员劳动生产率 (万元/人) | 人均实现利税 (万元/人) | 人均实现利润 (万元/人) | 人均固定资产原值 (万元/人) | 从业人员 (人) | 企业数 (家) |
|---|---|---|---|---|---|---|
| 0.03 | 56.52 | 0.29 | 1.63 | 1.78 | 909 | 86 |
| -6.32 | 8.96 | -0.57 | 0.44 | 27.70 | 7 700 | 57 |
| -7.07 | 8.85 | 0.44 | -0.63 | 27.75 | 7 226 | 55 |
| 3.22 | 10.61 | 0.54 | 0.34 | 26.82 | 474 | 2 |

# 2－31 新疆维吾尔自治区旅游

| | 固定资产原值（万元） | 营业收入（万元） | 利润（万元） | 营业税金（万元） |
|---|---|---|---|---|
| （一）旅行社 | 26 281.93 | 133 405.14 | 5 207.10 | 956.19 |
| （二）星级饭店 | 1 091 773.00 | 398 260.18 | －8 134.05 | 22 194.86 |
| 内资饭店 | 995 149.94 | 380 386.87 | －8 971.28 | 21 301.46 |
| 外资饭店 | 96 623.06 | 17 873.31 | 837.23 | 893.40 |

## 企业主要经济指标

| 利润率（%） | 全员劳动生产率（万元/人） | 人均实现利税（万元/人） | 人均实现利润（万元/人） | 人均固定资产原值（万元/人） | 从业人员（人） | 企业数（家） |
|---|---|---|---|---|---|---|
| 0.04 | 52.30 | 0.37 | 2.04 | 10.30 | 2 551 | 356 |
| -2.04 | 11.15 | -0.23 | 0.62 | 30.56 | 35 721 | 436 |
| -2.36 | 11.05 | 0.62 | -0.26 | 28.92 | 34 416 | 431 |
| 4.68 | 13.70 | 0.68 | 0.64 | 74.04 | 1 305 | 5 |

# 三、主要城市综合资料

# 3-1 主要城市旅游

| | 固定资产原　值（万元） | 营业收入（万元） | 利　润（万元） | 营业税金（万元） |
|---|---|---|---|---|
| （一）旅行社 | 779 446.17 | 9 058 068.66 | 448 045.15 | 73 372.42 |
| （二）旅游涉外饭店 | 13 886 086.24 | 6 458 071.89 | 174 709.94 | 326 167.23 |
| 内资饭店 | 10 560 537.12 | 5 252 969.45 | 78 435.49 | 264 885.62 |
| 外资饭店 | 3 325 549.12 | 1 205 102.44 | 96 274.45 | 61 281.61 |

## 企业主要经济指标

| 利润率<br>（%） | 全员劳动<br>生 产 率<br>（万元/人） | 人均实现<br>营业税金<br>（万元/人） | 人均实现<br>利 润<br>（万元/人） | 人均固定<br>资产原值<br>（万元/人） | 从业人员<br>（人） | 企业数<br>（家） |
|---|---|---|---|---|---|---|
| 0.05 | 101.52 | 0.82 | 5.02 | 8.74 | 89 225 | 9 204 |
| 2.71 | 15.92 | 0.95 | 0.43 | 34.24 | 405 547 | 2 320 |
| 1.49 | 12.58 | 0.77 | 0.23 | 30.67 | 344 336 | 2 128 |
| 7.99 | 21.00 | 1.00 | 1.57 | 54.33 | 61 211 | 192 |

# 3－2 主要城市旅行社

| | 固定资产原值（万元） | 营业收入（万元） | 利润（万元） | 营业税金（万元） |
|---|---|---|---|---|
| **总计** | **779 446.17** | **9 058 068.66** | **448 045.15** | **73 372.42** |
| 沈阳 | 4 830.82 | 298 431.19 | 12 167.34 | 1 513.82 |
| 大连 | 13 807.69 | 172 179.65 | 9 125.73 | 2 223.32 |
| 长春 | 3 414.39 | 59 202.30 | 7 199.91 | 1 251.96 |
| 哈尔滨 | 1 878.13 | 15 885.93 | 1 344.63 | 185.07 |
| 南京 | 21 384.80 | 653 025.99 | 27 759.48 | 4 061.38 |
| 无锡 | 9 850.57 | 490 562.61 | 14 155.33 | 1 840.28 |
| 苏州 | 24 604.73 | 355 173.37 | 28 569.66 | 5 597.56 |
| 杭州 | 48 867.25 | 1 154 065.44 | 57 855.27 | 8 314.96 |
| 宁波 | 11 897.03 | 295 125.39 | 15 492.34 | 2 095.36 |
| 黄山 | 15 847.61 | 130 238.54 | 8 864.02 | 1 291.43 |
| 福州 | 30 596.25 | 314 282.56 | 12 121.36 | 2 173.47 |
| 厦门 | 9 006.79 | 276 441.77 | 11 967.44 | 1 952.64 |
| 青岛 | 41 191.74 | 316 873.18 | 19 627.43 | 5 084.93 |
| 武汉 | 365 104.69 | 356 284.30 | 31 343.08 | 4 645.96 |
| 广州 | 57 483.53 | 1 532 679.95 | 87 733.98 | 14 206.99 |
| 深圳 | 24 187.82 | 990 070.06 | 48 273.88 | 7 607.09 |
| 珠海 | 7 858.37 | 125 076.49 | 4 263.60 | 798.67 |
| 中山 | 1 013.11 | 100 680.68 | 7 135.56 | 712.14 |
| 桂林 | 16 132.70 | 129 306.81 | 3 277.66 | 750.11 |
| 海口 | 9 242.92 | 240 936.59 | 11 560.89 | 898.71 |
| 成都 | 16 924.36 | 269 994.44 | 5 075.72 | 1 768.82 |
| 昆明 | 34 751.22 | 481 520.07 | 11 069.68 | 3 052.82 |
| 西安 | 9 569.66 | 300 031.33 | 12 061.15 | 1 344.92 |

## 主要经济指标(按城市分)

| 利润率 (%) | 全员劳动生产率 (万元/人) | 人均实现利税 (万元/人) | 人均实现利润 (万元/人) | 人均固定资产原值 (万元/人) | 从业人员 (人) | 企业数 (家) |
|---|---|---|---|---|---|---|
| **0.05** | **101.52** | **0.82** | **5.02** | **8.74** | **89 225** | **5 204** |
| 0.04 | 171.71 | 0.87 | 7.00 | 2.78 | 1 738 | 185 |
| 0.05 | 68.22 | 0.88 | 3.62 | 5.47 | 2 524 | 356 |
| 0.12 | 69.57 | 1.47 | 8.46 | 4.01 | 851 | 154 |
| 0.08 | 20.16 | 0.23 | 1.71 | 2.38 | 788 | 221 |
| 0.04 | 110.46 | 0.69 | 4.70 | 3.62 | 5 912 | 466 |
| 0.03 | 210.90 | 0.79 | 6.09 | 4.23 | 2 326 | 126 |
| 0.08 | 115.54 | 1.82 | 9.29 | 8.00 | 3 074 | 202 |
| 0.05 | 125.33 | 0.90 | 6.28 | 5.31 | 9 208 | 516 |
| 0.05 | 84.08 | 0.60 | 4.41 | 3.39 | 3 510 | 233 |
| 0.07 | 69.09 | 0.69 | 4.70 | 8.41 | 1 885 | 124 |
| 0.04 | 124.91 | 0.86 | 4.82 | 12.16 | 2 516 | 123 |
| 0.04 | 80.50 | 0.57 | 3.48 | 2.62 | 3 434 | 132 |
| 0.06 | 64.52 | 1.04 | 4.00 | 8.39 | 4 911 | 330 |
| 0.09 | 53.77 | 0.70 | 4.73 | 55.10 | 6 626 | 264 |
| 0.06 | 186.89 | 1.73 | 10.70 | 7.01 | 8 201 | 250 |
| 0.05 | 126.19 | 0.97 | 6.15 | 3.08 | 7 846 | 241 |
| 0.03 | 47.36 | 0.30 | 1.61 | 2.98 | 2 641 | 101 |
| 0.07 | 74.36 | 0.53 | 5.27 | 0.75 | 1 354 | 29 |
| 0.03 | 52.65 | 0.31 | 1.33 | 6.57 | 2 456 | 129 |
| 0.05 | 57.71 | 0.22 | 2.77 | 2.21 | 4 175 | 194 |
| 0.02 | 70.61 | 0.46 | 1.33 | 4.43 | 3 824 | 259 |
| 0.02 | 106.51 | 0.68 | 2.45 | 7.69 | 4 521 | 236 |
| 0.04 | 61.18 | 0.27 | 2.46 | 1.95 | 4 904 | 333 |

# 3－3 主要城市星级饭店

| | 固定资产原值（万元） | 营业收入（万元） | 利润（万元） | 营业税金（万元） |
|---|---|---|---|---|
| **总计** | **13 886 086.24** | **6 458 071.89** | **174 709.94** | **326 167.23** |
| 沈阳 | 550 704.72 | 204 413.90 | 5 631.80 | 10 087.47 |
| 大连 | 937 943.56 | 265 071.65 | －38 221.98 | 13 391.86 |
| 长春 | 531 318.30 | 178 102.25 | －13 478.78 | 9 315.63 |
| 哈尔滨 | 343 716.84 | 115 441.73 | 2 834.40 | 6 260.82 |
| 南京 | 660 026.42 | 348 648.89 | 15 420.91 | 17 627.56 |
| 无锡 | 393 991.87 | 225 300.80 | －8 543.95 | 12 617.20 |
| 苏州 | 744 586.20 | 389 589.53 | －15 100.90 | 20 968.96 |
| 杭州 | 1 105 091.61 | 916 894.87 | 35 560.56 | 30 661.56 |
| 宁波 | 730 473.95 | 360 816.05 | 25 564.87 | 19 493.26 |
| 黄山 | 206 244.97 | 64 683.70 | －6 272.92 | 3 685.25 |
| 福州 | 351 096.26 | 202 791.41 | 17 694.31 | 10 733.44 |
| 厦门 | 360 218.93 | 192 286.81 | 8 849.45 | 10 403.56 |
| 青岛 | 893 297.51 | 306 063.89 | －976.92 | 14 739.96 |
| 武汉 | 521 586.55 | 187 557.25 | 10 291.86 | 9 680.01 |
| 广州 | 1 438 997.36 | 878 329.90 | 81 366.53 | 49 631.18 |
| 深圳 | 999 484.08 | 518 755.46 | 47 023.96 | 27 925.28 |
| 珠海 | 299 637.06 | 127 022.72 | 2 598.31 | 6 716.04 |
| 中山 | 126 392.97 | 46 408.75 | －4 710.01 | 2 610.68 |
| 桂林 | 246 997.70 | 73 149.25 | －3 819.38 | 4 032.97 |
| 海口 | 348 186.58 | 83 975.45 | －5 420.62 | 4 447.53 |
| 成都 | 850 644.29 | 330 266.36 | 11 034.02 | 17 632.87 |
| 昆明 | 518 812.15 | 177 261.64 | 8 907.65 | 9 448.61 |
| 西安 | 726 636.37 | 265 239.65 | －1 523.23 | 14 055.54 |

# 主要经济指标(按城市分)

| 利润率<br>(%) | 全员劳动生产率<br>(万元/人) | 人均实现利税<br>(万元/人) | 人均实现利润<br>(万元/人) | 人均固定资产原值<br>(万元/人) | 从业人员<br>(人) | 企业数<br>(家) |
|---|---|---|---|---|---|---|
| **2.71** | **15.92** | **0.80** | **0.43** | **34.24** | **405 547** | **2 320** |
| 2.76 | 13.45 | 0.66 | 0.37 | 36.23 | 15 199 | 92 |
| -14.42 | 14.16 | 0.72 | -2.04 | 50.12 | 18 714 | 151 |
| -7.57 | 15.56 | 0.81 | -1.18 | 46.43 | 11 444 | 55 |
| 2.46 | 11.94 | 0.65 | 0.29 | 35.55 | 9 669 | 86 |
| 4.42 | 17.73 | 0.90 | 0.78 | 33.57 | 19 661 | 110 |
| -3.79 | 16.40 | 0.92 | -0.62 | 28.68 | 13 737 | 64 |
| -3.88 | 16.57 | 0.89 | -0.64 | 31.67 | 23 509 | 138 |
| 3.88 | 32.14 | 1.07 | 1.25 | 38.74 | 28 527 | 168 |
| 7.09 | 15.17 | 0.82 | 1.07 | 30.71 | 23 784 | 159 |
| -9.70 | 8.91 | 0.51 | -0.86 | 28.40 | 7 262 | 69 |
| 8.73 | 14.65 | 0.78 | 1.28 | 25.37 | 13 841 | 72 |
| 4.60 | 15.11 | 0.82 | 0.70 | 28.30 | 12 727 | 67 |
| -0.32 | 14.42 | 0.69 | -0.05 | 42.08 | 21 228 | 154 |
| 5.49 | 12.15 | 0.63 | 0.67 | 33.79 | 15 435 | 80 |
| 9.26 | 18.21 | 1.03 | 1.69 | 29.84 | 48 229 | 219 |
| 9.06 | 15.40 | 0.83 | 1.40 | 29.67 | 33 692 | 149 |
| 2.05 | 12.62 | 0.67 | 0.26 | 29.77 | 10 065 | 82 |
| -10.15 | 9.79 | 0.55 | -0.99 | 26.66 | 4 741 | 22 |
| -5.22 | 9.27 | 0.51 | -0.48 | 31.32 | 7 887 | 60 |
| -6.46 | 11.02 | 0.58 | -0.71 | 45.69 | 7 620 | 56 |
| 3.34 | 15.42 | 0.82 | 0.52 | 39.71 | 21 424 | 105 |
| 5.03 | 12.10 | 0.65 | 0.61 | 35.43 | 14 645 | 79 |
| -0.57 | 11.78 | 0.62 | -0.07 | 32.28 | 22 507 | 83 |

# 3-4 主要城市内资星级饭店

| | 固定资产原值（万元） | 营业收入（万元） | 利润（万元） | 营业税金（万元） |
|---|---|---|---|---|
| **总计** | **10 560 537.12** | **5 252 969.45** | **78 435.49** | **264 885.62** |
| 沈阳 | 323 345.14 | 166 891.09 | 7 593.24 | 8 150.98 |
| 大连 | 460 421.56 | 139 685.85 | -17 080.68 | 7 328.16 |
| 长春 | 455 051.30 | 151 972.25 | -17 974.78 | 8 280.63 |
| 哈尔滨 | 282 499.72 | 94 560.85 | 665.79 | 5 213.14 |
| 南京 | 581 607.51 | 303 320.80 | 9 441.19 | 15 338.19 |
| 无锡 | 356 901.44 | 209 062.62 | -7 576.77 | 11 821.92 |
| 苏州 | 690 875.87 | 332 393.63 | -21 463.17 | 18 079.42 |
| 杭州 | 1 103 250.72 | 916 188.44 | 35 544.57 | 30 621.23 |
| 宁波 | 608 575.67 | 321 029.31 | 24 626.91 | 17 523.47 |
| 黄山 | 197 022.29 | 63 681.50 | -5 923.12 | 3 635.46 |
| 福州 | 207 067.37 | 122 544.64 | 4 478.60 | 6 627.74 |
| 厦门 | 267 888.92 | 146 536.43 | 7 379.97 | 8 111.44 |
| 青岛 | 681 221.92 | 247 774.85 | -862.13 | 12 048.28 |
| 武汉 | 424 622.75 | 148 577.15 | -3 078.64 | 7 752.71 |
| 广州 | 822 621.49 | 596 933.14 | 34 150.18 | 34 209.75 |
| 深圳 | 489 060.80 | 327 899.84 | 27 009.93 | 18 000.08 |
| 珠海 | 289 678.57 | 123 679.32 | 2 611.51 | 6 547.44 |
| 中山 | 62 236.29 | 32 490.54 | -1 731.91 | 1 929.61 |
| 桂林 | 185 141.41 | 57 403.21 | -2 986.72 | 3 255.66 |
| 海口 | 229 979.16 | 63 760.57 | -3 222.48 | 3 429.03 |
| 成都 | 850 644.29 | 330 266.36 | 11 034.02 | 17 632.87 |
| 昆明 | 468 862.54 | 156 726.29 | 4 198.37 | 8 522.27 |
| 西安 | 521 960.39 | 199 590.79 | -8 398.38 | 10 826.13 |

## 主要经济指标(按城市分)

| 利润率 (%) | 全员劳动生产率 (万元/人) | 人均实现利税 (万元/人) | 人均实现利润 (万元/人) | 人均固定资产原值 (万元/人) | 从业人员 (人) | 企业数 (家) |
|---|---|---|---|---|---|---|
| **0.01** | **12.58** | **0.77** | **0.23** | **30.67** | **344 336** | **2 128** |
| 4.55 | 12.67 | 0.62 | 0.58 | 24.54 | 13 176 | 85 |
| -12.23 | 11.93 | 0.63 | -1.46 | 39.32 | 11 711 | 128 |
| -11.83 | 14.68 | 0.80 | -1.74 | 43.96 | 10 351 | 53 |
| 0.70 | 10.60 | 0.58 | 0.07 | 31.67 | 8 920 | 81 |
| 3.11 | 17.14 | 0.87 | 0.53 | 32.86 | 17 701 | 104 |
| -3.62 | 16.39 | 0.93 | -0.59 | 27.98 | 12 755 | 62 |
| -6.46 | 16.35 | 0.89 | -1.06 | 33.97 | 20 335 | 128 |
| 3.88 | 32.18 | 1.08 | 1.25 | 38.75 | 28 471 | 167 |
| 7.67 | 14.90 | 0.81 | 1.14 | 28.25 | 21 539 | 151 |
| -9.30 | 9.06 | 0.52 | -0.84 | 28.04 | 7 026 | 66 |
| 3.65 | 12.65 | 0.68 | 0.46 | 21.37 | 9 688 | 61 |
| 5.04 | 14.80 | 0.82 | 0.75 | 27.06 | 9 899 | 58 |
| -0.35 | 13.71 | 0.67 | -0.05 | 37.70 | 18 071 | 144 |
| -2.07 | 11.03 | 0.58 | -0.23 | 31.52 | 13 472 | 75 |
| 5.72 | 15.81 | 0.91 | 0.90 | 21.79 | 37 754 | 191 |
| 8.24 | 14.11 | 0.77 | 1.16 | 21.05 | 23 236 | 119 |
| 2.11 | 12.56 | 0.67 | 0.27 | 29.42 | 9 845 | 81 |
| -5.33 | 8.48 | 0.50 | -0.45 | 16.25 | 3 830 | 19 |
| -5.20 | 8.61 | 0.49 | -0.45 | 27.78 | 6 664 | 54 |
| -5.05 | 10.52 | 0.57 | -0.53 | 37.93 | 6 063 | 49 |
| 3.34 | 15.42 | 0.82 | 0.52 | 39.71 | 21 424 | 105 |
| 2.68 | 11.87 | 0.65 | 0.32 | 35.50 | 13 206 | 73 |
| -4.21 | 10.40 | 0.56 | -0.44 | 27.19 | 19 199 | 74 |

# 3－5 主要城市外资星级饭店

| | 固定资产原值（万元） | 营业收入（万元） | 利润（万元） | 营业税金（万元） |
|---|---|---|---|---|
| **总计** | **3 325 549.12** | **1 205 102.44** | **96 274.45** | **61 281.61** |
| 沈阳 | 227 359.58 | 37 522.81 | －1 961.44 | 1 936.49 |
| 大连 | 477 522.00 | 125 385.80 | －21 141.30 | 6 063.70 |
| 长春 | 76 267.00 | 26 130.00 | 4 496.00 | 1 035.00 |
| 哈尔滨 | 61 217.12 | 20 880.89 | 2 168.61 | 1 047.68 |
| 南京 | 78 418.91 | 45 328.09 | 5 979.72 | 2 289.37 |
| 无锡 | 37 090.43 | 16 238.18 | －967.18 | 795.28 |
| 苏州 | 53 710.33 | 57 195.90 | 6 362.27 | 2 889.54 |
| 杭州 | 1 840.89 | 706.43 | 15.99 | 40.33 |
| 宁波 | 121 898.28 | 39 786.74 | 937.96 | 1 969.79 |
| 黄山 | 9 222.68 | 1 002.20 | －349.80 | 49.79 |
| 福州 | 144 028.89 | 80 246.77 | 13 215.71 | 4 105.70 |
| 厦门 | 92 330.02 | 45 750.38 | 1 469.48 | 2 292.12 |
| 青岛 | 212 075.59 | 58 289.05 | －114.79 | 2 691.68 |
| 武汉 | 96 963.80 | 38 980.10 | 13 370.50 | 1 927.30 |
| 广州 | 616 375.87 | 281 396.77 | 47 216.35 | 15 421.43 |
| 深圳 | 510 423.28 | 190 855.62 | 20 014.03 | 9 925.19 |
| 珠海 | 9 958.49 | 3 343.40 | －13.20 | 168.60 |
| 中山 | 64 156.68 | 13 918.21 | －2 978.10 | 681.07 |
| 桂林 | 61 856.29 | 15 746.04 | －832.65 | 777.31 |
| 海口 | 118 207.42 | 20 214.88 | －2 198.14 | 1 018.49 |
| 成都 | — | — | — | — |
| 昆明 | 49 949.61 | 20 535.34 | 4 709.28 | 926.33 |
| 西安 | 204 675.98 | 65 648.86 | 6 875.15 | 3 229.41 |

# 主要经济指标（按城市分）

| 利润率 (%) | 全员劳动生产率 (万元/人) | 人均实现利税 (万元/人) | 人均实现利润 (万元/人) | 人均固定资产原值 (万元/人) | 从业人员 (人) | 企业数 (家) |
|---|---|---|---|---|---|---|
| **0.08** | **21.00** | **1.00** | **1.57** | **54.33** | **61 211** | **192** |
| -5.23 | 18.55 | 0.96 | -0.97 | 112.39 | 2 023 | 7 |
| -16.86 | 17.90 | 0.87 | -3.02 | 68.19 | 7 003 | 23 |
| 17.21 | 23.91 | 0.95 | 4.11 | 69.78 | 1 093 | 2 |
| 10.39 | 27.88 | 1.40 | 2.90 | 81.73 | 749 | 5 |
| 13.19 | 23.13 | 1.17 | 3.05 | 40.01 | 1 960 | 6 |
| -5.96 | 16.54 | 0.81 | -0.98 | 37.77 | 982 | 2 |
| 11.12 | 18.02 | 0.91 | 2.00 | 16.92 | 3 174 | 10 |
| 2.26 | 12.61 | 0.72 | 0.29 | 32.87 | 56 | 1 |
| 2.36 | 17.72 | 0.88 | 0.42 | 54.30 | 2 245 | 8 |
| -34.90 | 4.25 | 0.21 | -1.48 | 39.08 | 236 | 3 |
| 16.47 | 19.32 | 0.99 | 3.18 | 34.68 | 4 153 | 11 |
| 3.21 | 16.18 | 0.81 | 0.52 | 32.65 | 2 828 | 9 |
| -0.20 | 18.46 | 0.85 | -0.04 | 67.18 | 3 157 | 10 |
| 34.30 | 19.86 | 0.98 | 6.81 | 49.40 | 1 963 | 5 |
| 16.78 | 26.86 | 1.47 | 4.51 | 58.84 | 10 475 | 28 |
| 10.49 | 18.25 | 0.95 | 1.91 | 48.82 | 10 456 | 30 |
| -0.39 | 15.20 | 0.77 | -0.06 | 45.27 | 220 | 1 |
| -21.40 | 15.28 | 0.75 | -3.27 | 70.42 | 911 | 3 |
| -5.29 | 12.87 | 0.64 | -0.68 | 50.58 | 1 223 | 6 |
| -10.87 | 12.98 | 0.65 | -1.41 | 75.92 | 1 557 | 7 |
| — | — | — | — | — | — | — |
| 22.93 | 14.27 | 0.64 | 3.27 | 34.71 | 1 439 | 6 |
| 10.47 | 19.85 | 0.98 | 2.08 | 61.87 | 3 308 | 9 |

# 四、分城市旅游企业资料

## 4－1　沈阳市旅游

| | 固定资产原　值（万元） | 营业收入（万元） | 利　润（万元） | 营业税金（万元） |
|---|---|---|---|---|
| （一）旅行社 | 4 830.82 | 298 431.19 | 12 167.34 | 1 513.82 |
| （二）星级饭店 | 550 704.72 | 204 413.90 | 5 631.80 | 10 087.47 |
| 内资饭店 | 323 345.14 | 166 891.09 | 7 593.24 | 8 150.98 |
| 外资饭店 | 227 359.58 | 37 522.81 | －1 961.44 | 1 936.49 |

## 4－2　大连市旅游

| | 固定资产原　值（万元） | 营业收入（万元） | 利　润（万元） | 营业税金（万元） |
|---|---|---|---|---|
| （一）旅行社 | 13 807.69 | 172 179.65 | 9 125.73 | 2 223.32 |
| （二）星级饭店 | 937 943.56 | 265 071.65 | －38 221.98 | 13 391.86 |
| 内资饭店 | 460 421.56 | 139 685.85 | －17 080.68 | 7 328.16 |
| 外资饭店 | 477 522.00 | 125 385.80 | －21 141.30 | 6 063.70 |

## 企业主要经济指标

| 利润率<br>(%) | 全员劳动生产率<br>(万元/人) | 人均实现利税<br>(万元/人) | 人均实现利润<br>(万元/人) | 人均固定资产原值<br>(万元/人) | 从业人员<br>(人) | 企业数<br>(家) |
|---|---|---|---|---|---|---|
| 0.04 | 171.71 | 0.87 | 7.00 | 2.78 | 1 738 | 185 |
| 2.76 | 13.45 | 0.66 | 0.37 | 36.23 | 15 199 | 92 |
| 4.55 | 12.67 | 0.62 | 0.58 | 24.54 | 13 176 | 85 |
| -5.23 | 18.55 | 0.96 | -0.97 | 112.39 | 2 023 | 7 |

## 企业主要经济指标

| 利润率<br>(%) | 全员劳动生产率<br>(万元/人) | 人均实现利税<br>(万元/人) | 人均实现利润<br>(万元/人) | 人均固定资产原值<br>(万元/人) | 从业人员<br>(人) | 企业数<br>(家) |
|---|---|---|---|---|---|---|
| 0.05 | 68.22 | 0.88 | 3.62 | 5.47 | 2 524 | 356 |
| -14.42 | 14.16 | 0.72 | -2.04 | 50.12 | 18 714 | 151 |
| -12.23 | 11.93 | 0.63 | -1.46 | 39.32 | 11 711 | 128 |
| -16.86 | 17.90 | 0.87 | -3.02 | 68.19 | 7 003 | 23 |

## 4-3 长春市旅游

| | 固定资产原值（万元） | 营业收入（万元） | 利润（万元） | 营业税金（万元） |
|---|---|---|---|---|
| （一）旅行社 | 3 414.39 | 59 202.30 | 7 199.91 | 1 251.96 |
| （二）星级饭店 | 531 318.30 | 178 102.25 | -13 478.78 | 9 315.63 |
| 内资饭店 | 455 051.30 | 151 972.25 | -17 974.78 | 8 280.63 |
| 外资饭店 | 76 267.00 | 26 130.00 | 4 496.00 | 1 035.00 |

## 4-4 哈尔滨市旅游

| | 固定资产原值（万元） | 营业收入（万元） | 利润（万元） | 营业税金（万元） |
|---|---|---|---|---|
| （一）旅行社 | 1 878.13 | 15 885.93 | 1 344.63 | 185.07 |
| （二）星级饭店 | 343 716.84 | 115 441.73 | 2 834.40 | 6 260.82 |
| 内资饭店 | 282 499.72 | 94 560.85 | 665.79 | 5 213.14 |
| 外资饭店 | 61 217.12 | 20 880.89 | 2 168.61 | 1 047.68 |

## 企业主要经济指标

| 利润率<br>(%) | 全员劳动生产率<br>(万元/人) | 人均实现利税<br>(万元/人) | 人均实现利润<br>(万元/人) | 人均固定资产原值<br>(万元/人) | 从业人员<br>(人) | 企业数<br>(家) |
|---|---|---|---|---|---|---|
| 0.12 | 69.57 | 1.47 | 8.46 | 4.01 | 851 | 154 |
| -7.57 | 15.56 | 0.81 | -1.18 | 46.43 | 11 444 | 55 |
| -11.83 | 14.68 | 0.80 | -1.74 | 43.96 | 10 351 | 53 |
| 17.21 | 23.91 | 0.95 | 4.11 | 69.78 | 1 093 | 2 |

## 企业主要经济指标

| 利润率<br>(%) | 全员劳动生产率<br>(万元/人) | 人均实现利税<br>(万元/人) | 人均实现利润<br>(万元/人) | 人均固定资产原值<br>(万元/人) | 从业人员<br>(人) | 企业数<br>(家) |
|---|---|---|---|---|---|---|
| 0.08 | 20.16 | 0.23 | 1.71 | 2.38 | 788 | 221 |
| 2.46 | 11.94 | 0.65 | 0.29 | 35.55 | 9 669 | 86 |
| 0.70 | 10.60 | 0.58 | 0.07 | 31.67 | 8 920 | 81 |
| 10.39 | 27.88 | 1.40 | 2.90 | 81.73 | 749 | 5 |

# 4-5 南京市旅游

| | 固定资产原值（万元） | 营业收入（万元） | 利润（万元） | 营业税金（万元） |
|---|---|---|---|---|
| （一）旅行社 | 21 384.80 | 653 025.99 | 27 759.48 | 4 061.38 |
| （二）星级饭店 | 660 026.42 | 348 648.89 | 15 420.91 | 17 627.56 |
| 内资饭店 | 581 607.51 | 303 320.80 | 9 441.19 | 15 338.19 |
| 外资饭店 | 78 418.91 | 45 328.09 | 5 979.72 | 2 289.37 |

# 4-6 无锡市旅游

| | 固定资产原值（万元） | 营业收入（万元） | 利润（万元） | 营业税金（万元） |
|---|---|---|---|---|
| （一）旅行社 | 9 850.57 | 490 562.61 | 14 155.33 | 1 840.28 |
| （二）星级饭店 | 393 991.87 | 225 300.80 | -8 543.95 | 12 617.20 |
| 内资饭店 | 356 901.44 | 209 062.62 | -7 576.77 | 11 821.92 |
| 外资饭店 | 37 090.43 | 16 238.18 | -967.18 | 795.28 |

# 企业主要经济指标

| 利润率<br>（%） | 全员劳动<br>生产率<br>（万元/人） | 人均实现<br>利税<br>（万元/人） | 人均实现<br>利润<br>（万元/人） | 人均固定<br>资产原值<br>（万元/人） | 从业人员<br>（人） | 企业数<br>（家） |
|---|---|---|---|---|---|---|
| 0.04 | 110.46 | 0.69 | 4.70 | 3.62 | 5 912 | 466 |
| 4.42 | 17.73 | 0.90 | 0.78 | 33.57 | 19 661 | 110 |
| 3.11 | 17.14 | 0.87 | 0.53 | 32.86 | 17 701 | 104 |
| 13.19 | 23.13 | 1.17 | 3.05 | 40.01 | 1 960 | 6 |

# 企业主要经济指标

| 利润率<br>（%） | 全员劳动<br>生产率<br>（万元/人） | 人均实现<br>利税<br>（万元/人） | 人均实现<br>利润<br>（万元/人） | 人均固定<br>资产原值<br>（万元/人） | 从业人员<br>（人） | 企业数<br>（家） |
|---|---|---|---|---|---|---|
| 0.03 | 210.90 | 0.79 | 6.09 | 4.23 | 2 326 | 126 |
| -3.79 | 16.40 | 0.92 | -0.62 | 28.68 | 13 737 | 64 |
| -3.62 | 16.39 | 0.93 | -0.59 | 27.98 | 12 755 | 62 |
| -5.96 | 16.54 | 0.81 | -0.98 | 37.77 | 982 | 2 |

## 4－7　苏州市旅游

| | 固定资产原　值（万元） | 营业收入（万元） | 利　润（万元） | 营业税金（万元） |
|---|---|---|---|---|
| （一）旅行社 | 24 604.73 | 355 173.37 | 28 569.66 | 5 597.56 |
| （二）星级饭店 | 744 586.20 | 389 589.53 | －15 100.90 | 20 968.96 |
| 内资饭店 | 690 875.87 | 332 393.63 | －21 463.17 | 18 079.42 |
| 外资饭店 | 53 710.33 | 57 195.90 | 6 362.27 | 2 889.54 |

## 4－8　杭州市旅游

| | 固定资产原　值（万元） | 营业收入（万元） | 利　润（万元） | 营业税金（万元） |
|---|---|---|---|---|
| （一）旅行社 | 48 867.25 | 1 154 065.44 | 57 855.27 | 8 314.96 |
| （二）星级饭店 | 1 105 091.61 | 916 894.87 | 35 560.56 | 30 661.56 |
| 内资饭店 | 1 103 250.72 | 916 188.44 | 35 544.57 | 30 621.23 |
| 外资饭店 | 1 840.89 | 706.43 | 15.99 | 40.33 |

## 企业主要经济指标

| 利润率 (%) | 全员劳动生产率 (万元/人) | 人均实现利税 (万元/人) | 人均实现利润 (万元/人) | 人均固定资产原值 (万元/人) | 从业人员 (人) | 企业数 (家) |
|---|---|---|---|---|---|---|
| 0.08 | 115.54 | 1.82 | 9.29 | 8.00 | 3 074 | 202 |
| -3.88 | 16.57 | 0.89 | -0.64 | 31.67 | 23 509 | 138 |
| -6.46 | 16.35 | 0.89 | -1.06 | 33.97 | 20 335 | 128 |
| 11.12 | 18.02 | 0.91 | 2.00 | 16.92 | 3 174 | 10 |

## 企业主要经济指标

| 利润率 (%) | 全员劳动生产率 (万元/人) | 人均实现利税 (万元/人) | 人均实现利润 (万元/人) | 人均固定资产原值 (万元/人) | 从业人员 (人) | 企业数 (家) |
|---|---|---|---|---|---|---|
| 0.05 | 125.33 | 0.90 | 6.28 | 5.31 | 9 208 | 516 |
| 3.88 | 32.14 | 1.07 | 1.25 | 38.74 | 28 527 | 168 |
| 3.88 | 32.18 | 1.08 | 1.25 | 38.75 | 28 471 | 167 |
| 2.26 | 12.61 | 0.72 | 0.29 | 32.87 | 56 | 1 |

# 4－9 宁波市旅游

| | 固定资产<br>原　　值<br>（万元） | 营业收入<br>（万元） | 利　润<br>（万元） | 营业税金<br>（万元） |
|---|---|---|---|---|
| （一）旅行社 | 11 897.03 | 295 125.39 | 15 492.34 | 2 095.36 |
| （二）星级饭店 | 730 473.95 | 360 816.05 | 25 564.87 | 19 493.26 |
| 内资饭店 | 608 575.67 | 321 029.31 | 24 626.91 | 17 523.47 |
| 外资饭店 | 121 898.28 | 39 786.74 | 937.96 | 1 969.79 |

# 4－10 黄山市旅游

| | 固定资产<br>原　　值<br>（万元） | 营业收入<br>（万元） | 利　润<br>（万元） | 营业税金<br>（万元） |
|---|---|---|---|---|
| （一）旅行社 | 15 847.61 | 130 238.54 | 8 864.02 | 1 291.43 |
| （二）星级饭店 | 206 244.97 | 64 683.70 | －6 272.92 | 3 685.25 |
| 内资饭店 | 197 022.29 | 63 681.50 | －5 923.12 | 3 635.46 |
| 外资饭店 | 9 222.68 | 1 002.20 | －349.80 | 49.79 |

## 企业主要经济指标

| 利润率<br>(%) | 全员劳动生产率<br>(万元/人) | 人均实现利税<br>(万元/人) | 人均实现利润<br>(万元/人) | 人均固定资产原值<br>(万元/人) | 从业人员<br>(人) | 企业数<br>(家) |
|---|---|---|---|---|---|---|
| 0.05 | 84.08 | 0.60 | 4.41 | 3.39 | 3 510 | 233 |
| 7.09 | 15.17 | 0.82 | 1.07 | 30.71 | 23 784 | 159 |
| 7.67 | 14.90 | 0.81 | 1.14 | 28.25 | 21 539 | 151 |
| 2.36 | 17.72 | 0.88 | 0.42 | 54.30 | 2 245 | 8 |

## 企业主要经济指标

| 利润率<br>(%) | 全员劳动生产率<br>(万元/人) | 人均实现利税<br>(万元/人) | 人均实现利润<br>(万元/人) | 人均固定资产原值<br>(万元/人) | 从业人员<br>(人) | 企业数<br>(家) |
|---|---|---|---|---|---|---|
| 0.07 | 69.09 | 0.69 | 4.70 | 8.41 | 1 885 | 124 |
| -9.70 | 8.91 | 0.51 | -0.86 | 28.40 | 7 262 | 69 |
| -9.30 | 9.06 | 0.52 | -0.84 | 28.04 | 7 026 | 66 |
| -34.90 | 4.25 | 0.21 | -1.48 | 39.08 | 236 | 3 |

# 4－11 福州市旅游

| | 固定资产原　　值（万元） | 营业收入（万元） | 利　润（万元） | 营业税金（万元） |
|---|---|---|---|---|
| （一）旅行社 | 30 596.25 | 314 282.56 | 12 121.36 | 2 173.47 |
| （二）星级饭店 | 351 096.26 | 202 791.41 | 17 694.31 | 10 733.44 |
| 内资饭店 | 207 067.37 | 122 544.64 | 4 478.60 | 6 627.74 |
| 外资饭店 | 144 028.89 | 80 246.77 | 13 215.71 | 4 105.70 |

# 4－12 厦门市旅游

| | 固定资产原　　值（万元） | 营业收入（万元） | 利　润（万元） | 营业税金（万元） |
|---|---|---|---|---|
| （一）旅行社 | 9 006.79 | 276 441.77 | 11 967.44 | 1 952.64 |
| （二）星级饭店 | 360 218.93 | 192 286.81 | 8 849.45 | 10 403.56 |
| 内资饭店 | 267 888.92 | 146 536.43 | 7 379.97 | 8 111.44 |
| 外资饭店 | 92 330.02 | 45 750.38 | 1 469.48 | 2 292.12 |

## 企业主要经济指标

| 利润率<br>(%) | 全员劳动生产率<br>(万元/人) | 人均实现利税<br>(万元/人) | 人均实现利润<br>(万元/人) | 人均固定资产原值<br>(万元/人) | 从业人员<br>(人) | 企业数<br>(家) |
|---|---|---|---|---|---|---|
| 0.04 | 124.91 | 0.86 | 4.82 | 12.16 | 2 516 | 123 |
| 8.73 | 14.65 | 0.78 | 1.28 | 25.37 | 13 841 | 72 |
| 3.65 | 12.65 | 0.68 | 0.46 | 21.37 | 9 688 | 61 |
| 16.47 | 19.32 | 0.99 | 3.18 | 34.68 | 4 153 | 11 |

## 企业主要经济指标

| 利润率<br>(%) | 全员劳动生产率<br>(万元/人) | 人均实现利税<br>(万元/人) | 人均实现利润<br>(万元/人) | 人均固定资产原值<br>(万元/人) | 从业人员<br>(人) | 企业数<br>(家) |
|---|---|---|---|---|---|---|
| 0.04 | 80.50 | 0.57 | 3.48 | 2.62 | 3 434 | 132 |
| 4.60 | 15.11 | 0.82 | 0.70 | 28.30 | 12 727 | 67 |
| 5.04 | 14.80 | 0.82 | 0.75 | 27.06 | 9 899 | 58 |
| 3.21 | 16.18 | 0.81 | 0.52 | 32.65 | 2 828 | 9 |

# 4－13 青岛市旅游

| | 固定资产原　　值（万元） | 营业收入（万元） | 利　润（万元） | 营业税金（万元） |
|---|---|---|---|---|
| （一）旅行社 | 41 191.74 | 316 873.18 | 19 627.43 | 5 084.93 |
| （二）星级饭店 | 893 297.51 | 306 063.89 | －976.92 | 14 739.96 |
| 内资饭店 | 681 221.92 | 247 774.85 | －862.13 | 12 048.28 |
| 外资饭店 | 212 075.59 | 58 289.05 | －114.79 | 2 691.68 |

# 4－14 武汉市旅游

| | 固定资产原　　值（万元） | 营业收入（万元） | 利　润（万元） | 营业税金（万元） |
|---|---|---|---|---|
| （一）旅行社 | 365 104.69 | 356 284.30 | 31 343.08 | 4 645.96 |
| （二）星级饭店 | 521 586.55 | 187 557.25 | 10 291.86 | 9 680.01 |
| 内资饭店 | 424 622.75 | 148 577.15 | －3 078.64 | 7 752.71 |
| 外资饭店 | 96 963.80 | 38 980.10 | 13 370.50 | 1 927.30 |

## 企业主要经济指标

| 利润率（%） | 全员劳动生产率（万元/人） | 人均实现利税（万元/人） | 人均实现利润（万元/人） | 人均固定资产原值（万元/人） | 从业人员（人） | 企业数（家） |
|---|---|---|---|---|---|---|
| 0.06 | 64.52 | 1.04 | 4.00 | 8.39 | 4 911 | 330 |
| -0.32 | 14.42 | 0.69 | -0.05 | 42.08 | 21 228 | 154 |
| -0.35 | 13.71 | 0.67 | -0.05 | 37.70 | 18 071 | 144 |
| -0.20 | 18.46 | 0.85 | -0.04 | 67.18 | 3 157 | 10 |

## 企业主要经济指标

| 利润率（%） | 全员劳动生产率（万元/人） | 人均实现利税（万元/人） | 人均实现利润（万元/人） | 人均固定资产原值（万元/人） | 从业人员（人） | 企业数（家） |
|---|---|---|---|---|---|---|
| 0.09 | 53.77 | 0.70 | 4.73 | 55.10 | 6 626 | 264 |
| 5.49 | 12.15 | 0.63 | 0.67 | 33.79 | 15 435 | 80 |
| -2.07 | 11.03 | 0.58 | -0.23 | 31.52 | 13 472 | 75 |
| 34.30 | 19.86 | 0.98 | 6.81 | 49.40 | 1 963 | 5 |

# 4－15 广州市旅游

| | 固定资产原　　值（万元） | 营业收入（万元） | 利　润（万元） | 营业税金（万元） |
|---|---|---|---|---|
| （一）旅行社 | 57 483.53 | 1 532 679.95 | 87 733.98 | 14 206.99 |
| （二）星级饭店 | 1 438 997.36 | 878 329.90 | 81 366.53 | 49 631.18 |
| 内资饭店 | 822 621.49 | 596 933.14 | 34 150.18 | 34 209.75 |
| 外资饭店 | 616 375.87 | 281 396.77 | 47 216.35 | 15 421.43 |

# 4－16 深圳市旅游

| | 固定资产原　　值（万元） | 营业收入（万元） | 利　润（万元） | 营业税金（万元） |
|---|---|---|---|---|
| （一）旅行社 | 24 187.82 | 990 070.06 | 48 273.88 | 7 607.09 |
| （二）星级饭店 | 999 484.08 | 518 755.46 | 47 023.96 | 27 925.28 |
| 内资饭店 | 489 060.80 | 327 899.84 | 27 009.93 | 18 000.08 |
| 外资饭店 | 510 423.28 | 190 855.62 | 20 014.03 | 9 925.19 |

## 企业主要经济指标

| 利润率（%） | 全员劳动生产率（万元/人） | 人均实现利税（万元/人） | 人均实现利润（万元/人） | 人均固定资产原值（万元/人） | 从业人员（人） | 企业数（家） |
|---|---|---|---|---|---|---|
| 0.06 | 186.89 | 1.73 | 10.70 | 7.01 | 8 201 | 250 |
| 9.26 | 18.21 | 1.03 | 1.69 | 29.84 | 48 229 | 219 |
| 5.72 | 15.81 | 0.91 | 0.90 | 21.79 | 37 754 | 191 |
| 16.78 | 26.86 | 1.47 | 4.51 | 58.84 | 10 475 | 28 |

## 企业主要经济指标

| 利润率（%） | 全员劳动生产率（万元/人） | 人均实现利税（万元/人） | 人均实现利润（万元/人） | 人均固定资产原值（万元/人） | 从业人员（人） | 企业数（家） |
|---|---|---|---|---|---|---|
| 0.05 | 126.19 | 0.97 | 6.15 | 3.08 | 7 846 | 241 |
| 9.06 | 15.40 | 0.83 | 1.40 | 29.67 | 33 692 | 149 |
| 8.24 | 14.11 | 0.77 | 1.16 | 21.05 | 23 236 | 119 |
| 10.49 | 18.25 | 0.95 | 1.91 | 48.82 | 10 456 | 30 |

# 4－17 珠海市旅游

| | 固定资产<br>原　　值<br>(万元) | 营业收入<br><br>(万元) | 利　润<br><br>(万元) | 营业税金<br><br>(万元) |
|---|---|---|---|---|
| (一)旅行社 | 7 858.37 | 125 076.49 | 4 263.60 | 798.67 |
| (二)星级饭店 | 299 637.06 | 127 022.72 | 2 598.31 | 6 716.04 |
| 内资饭店 | 289 678.57 | 123 679.32 | 2 611.51 | 6 547.44 |
| 外资饭店 | 9 958.49 | 3 343.40 | －13.20 | 168.60 |

# 4－18 中山市旅游

| | 固定资产<br>原　　值<br>(万元) | 营业收入<br><br>(万元) | 利　润<br><br>(万元) | 营业税金<br><br>(万元) |
|---|---|---|---|---|
| (一)旅行社 | 1 013.11 | 100 680.68 | 7 135.56 | 712.14 |
| (二)星级饭店 | 126 392.97 | 46 408.75 | －4 710.01 | 2 610.68 |
| 内资饭店 | 62 236.29 | 32 490.54 | －1 731.91 | 1 929.61 |
| 外资饭店 | 64 156.68 | 13 918.21 | －2 978.10 | 681.07 |

# 企业主要经济指标

| 利润率（%） | 全员劳动生产率（万元/人） | 人均实现利税（万元/人） | 人均实现利润（万元/人） | 人均固定资产原值（万元/人） | 从业人员（人） | 企业数（家） |
| --- | --- | --- | --- | --- | --- | --- |
| 0.03 | 47.36 | 0.30 | 1.61 | 2.98 | 2 641 | 101 |
| 2.05 | 12.62 | 0.67 | 0.26 | 29.77 | 10 065 | 82 |
| 2.11 | 12.56 | 0.67 | 0.27 | 29.42 | 9 845 | 81 |
| -0.39 | 15.20 | 0.77 | -0.06 | 45.27 | 220 | 1 |

# 企业主要经济指标

| 利润率（%） | 全员劳动生产率（万元/人） | 人均实现利税（万元/人） | 人均实现利润（万元/人） | 人均固定资产原值（万元/人） | 从业人员（人） | 企业数（家） |
| --- | --- | --- | --- | --- | --- | --- |
| 0.07 | 74.36 | 0.53 | 5.27 | 0.75 | 1 354 | 29 |
| -10.15 | 9.79 | 0.55 | -0.99 | 26.66 | 4 741 | 22 |
| -5.33 | 8.48 | 0.50 | -0.45 | 16.25 | 3 830 | 19 |
| -21.40 | 15.28 | 0.75 | -3.27 | 70.42 | 911 | 3 |

## 4-19 桂林市旅游

| | 固定资产原值（万元） | 营业收入（万元） | 利润（万元） | 营业税金（万元） |
|---|---|---|---|---|
| （一）旅行社 | 16 132.70 | 129 306.81 | 3 277.66 | 750.11 |
| （二）星级饭店 | 246 997.70 | 73 149.25 | -3 819.38 | 4 032.97 |
| 内资饭店 | 185 141.41 | 57 403.21 | -2 986.72 | 3 255.66 |
| 外资饭店 | 61 856.29 | 15 746.04 | -832.65 | 777.31 |

## 4-20 海口市旅游

| | 固定资产原值（万元） | 营业收入（万元） | 利润（万元） | 营业税金（万元） |
|---|---|---|---|---|
| （一）旅行社 | 9 242.92 | 240 936.59 | 11 560.89 | 898.71 |
| （二）星级饭店 | 348 186.58 | 83 975.45 | -5 420.62 | 4 447.53 |
| 内资饭店 | 229 979.16 | 63 760.57 | -3 222.48 | 3 429.03 |
| 外资饭店 | 118 207.42 | 20 214.88 | -2 198.14 | 1 018.49 |

# 企业主要经济指标

| 利润率（%） | 全员劳动生产率（万元/人） | 人均实现利税（万元/人） | 人均实现利润（万元/人） | 人均固定资产原值（万元/人） | 从业人员（人） | 企业数（家） |
|---|---|---|---|---|---|---|
| 0.03 | 52.65 | 0.31 | 1.33 | 6.57 | 2 456 | 129 |
| -5.22 | 9.27 | 0.51 | -0.48 | 31.32 | 7 887 | 60 |
| -5.20 | 8.61 | 0.49 | -0.45 | 27.78 | 6 664 | 54 |
| -5.29 | 12.87 | 0.64 | -0.68 | 50.58 | 1 223 | 6 |

# 企业主要经济指标

| 利润率（%） | 全员劳动生产率（万元/人） | 人均实现利税（万元/人） | 人均实现利润（万元/人） | 人均固定资产原值（万元/人） | 从业人员（人） | 企业数（家） |
|---|---|---|---|---|---|---|
| 0.05 | 57.71 | 0.22 | 2.77 | 2.21 | 4 175 | 194 |
| -6.46 | 11.02 | 0.58 | -0.71 | 45.69 | 7 620 | 56 |
| -5.05 | 10.52 | 0.57 | -0.53 | 37.93 | 6 063 | 49 |
| -10.87 | 12.98 | 0.65 | 1.41 | 75.92 | 1 557 | 7 |

# 4－21　成都市旅游

| | 固定资产原值（万元） | 营业收入（万元） | 利　润（万元） | 营业税金（万元） |
|---|---|---|---|---|
| （一）旅行社 | 16 924.36 | 269 994.44 | 5 075.72 | 1 768.82 |
| （二）星级饭店 | 850 644.29 | 330 266.36 | 11 034.02 | 17 632.87 |
| 内资饭店 | 850 644.29 | 330 266.36 | 11 034.02 | 17 632.87 |
| 外资饭店 | — | — | — | — |

# 4－22　昆明市旅游

| | 固定资产原值（万元） | 营业收入（万元） | 利　润（万元） | 营业税金（万元） |
|---|---|---|---|---|
| （一）旅行社 | 34 751.22 | 481 520.07 | 11 069.68 | 3 052.82 |
| （二）星级饭店 | 518 812.15 | 177 261.64 | 8 907.65 | 9 448.61 |
| 内资饭店 | 468 862.54 | 156 726.29 | 4 198.37 | 8 522.27 |
| 外资饭店 | 49 949.61 | 20 535.34 | 4 709.28 | 926.33 |

## 企业主要经济指标

| 利润率 (%) | 全员劳动生产率 (万元/人) | 人均实现利税 (万元/人) | 人均实现利润 (万元/人) | 人均固定资产原值 (万元/人) | 从业人员 (人) | 企业数 (家) |
|---|---|---|---|---|---|---|
| 0.02 | 70.61 | 0.46 | 1.33 | 4.43 | 3 824 | 259 |
| 3.34 | 15.42 | 0.82 | 0.52 | 39.71 | 21 424 | 105 |
| 3.34 | 15.42 | 0.82 | 0.52 | 39.71 | 21 424 | 105 |
| — | — | — | — | — | — | — |

## 企业主要经济指标

| 利润率 (%) | 全员劳动生产率 (万元/人) | 人均实现利税 (万元/人) | 人均实现利润 (万元/人) | 人均固定资产原值 (万元/人) | 从业人员 (人) | 企业数 (家) |
|---|---|---|---|---|---|---|
| 0.02 | 106.51 | 0.68 | 2.45 | 7.69 | 4 521 | 236 |
| 5.03 | 12.10 | 0.65 | 0.61 | 35.43 | 14 645 | 79 |
| 2.68 | 11.87 | 0.65 | 0.32 | 35.50 | 13 206 | 73 |
| 22.93 | 14.27 | 0.64 | 3.27 | 34.71 | 1 439 | 6 |

# 4－23　西安市旅游

| | 固定资产原　　值（万元） | 营业收入（万元） | 利　润（万元） | 营业税金（万元） |
|---|---|---|---|---|
| （一）旅行社 | 9 569.66 | 300 031.33 | 12 061.15 | 1 344.92 |
| （二）星级饭店 | 726 636.37 | 265 239.65 | －1 523.23 | 14 055.54 |
| 内资饭店 | 521 960.39 | 199 590.79 | －8 398.38 | 10 826.13 |
| 外资饭店 | 204 675.98 | 65 648.86 | 6 875.15 | 3 229.41 |

## 企业主要经济指标

| 利润率 (%) | 全员劳动生产率 (万元/人) | 人均实现利税 (万元/人) | 人均实现利润 (万元/人) | 人均固定资产原值 (万元/人) | 从业人员 (人) | 企业数 (家) |
|---|---|---|---|---|---|---|
| 0.04 | 61.18 | 0.27 | 2.46 | 1.95 | 4 904 | 333 |
| -0.57 | 11.78 | 0.62 | -0.07 | 32.28 | 22 507 | 83 |
| -4.21 | 10.40 | 0.56 | -0.44 | 27.19 | 19 199 | 74 |
| 10.47 | 19.85 | 0.98 | 2.08 | 61.87 | 3 308 | 9 |

# 下　　篇

## 全国星级饭店综合资料

# 五、全国星级饭店综合资料

# 5-1 全国星级饭店

| 饭店注册登记类型、星级 | | 饭店数（家） | 房间数（间） | 床位数（张） |
| --- | --- | --- | --- | --- |
| 饭店注册登记类型 | **合计** | **11 779** | **1 476 359** | **2 566 382** |
| | 国有企业 | 4 179 | 533 244 | 951 089 |
| | 集体企业 | 494 | 50 832 | 92 618 |
| | 股份合作企业 | 254 | 28 907 | 52 291 |
| | 国有联营 | 11 | 1 401 | 2 535 |
| | 集体联营 | 19 | 1 724 | 2 952 |
| | 国有与集体联营 | 9 | 1 061 | 1 972 |
| | 其他联营 | 5 | 312 | 561 |
| | 国有独资公司 | 367 | 56 476 | 91 505 |
| | 其他有限责任公司 | 1 246 | 178 242 | 305 331 |
| | 股份有限公司 | 575 | 80 435 | 140 301 |
| | 私营独资 | 1 492 | 120 444 | 214 827 |
| | 私营合伙 | 383 | 36 082 | 60 090 |
| | 私营有限责任公司 | 1 514 | 173 310 | 303 073 |
| | 私营股份有限公司 | 172 | 23 417 | 41 387 |
| | 其他 | 522 | 59 104 | 100 845 |
| | 与港澳台商合资经营 | 147 | 38 693 | 59 757 |
| | 与港澳台商合作经营 | 34 | 9 203 | 13 864 |
| | 港澳台商独资 | 74 | 16 047 | 25 984 |
| | 港澳台商投资股份有限公司 | 24 | 5 004 | 8 313 |
| | 中外合资经营 | 114 | 27 744 | 43 481 |
| | 中外合作经营 | 47 | 12 865 | 19 613 |
| | 外资企业 | 77 | 18 046 | 28 067 |
| | 外商投资股份有限公司 | 20 | 3 766 | 5 926 |
| 饭店星级 | **合计** | **11 779** | **1 476 359** | **2 566 382** |
| | 五星级 | 545 | 200 110 | 302 792 |
| | 四星级 | 2 002 | 405 035 | 677 417 |
| | 三星级 | 5 384 | 613 936 | 1 103 361 |
| | 二星级 | 3 636 | 247 303 | 463 713 |
| | 一星级 | 212 | 9 975 | 19 099 |

注 1：本部分表财务数据根据已在系统中完成年度财务数据填报的 11779 家饭店统计。

注 2：本部分表中的饭店数是在系统中完成年度财务数据填报的饭店数量，截至 2010 年底，全国获得星级标牌号，并在系统注册登记的星级饭店总数应为 13991 家。

# 综合情况

| 客　房<br>出租率<br>（%） | 营业收入<br><br>（万元） | 营业税金<br><br>（万元） | 固定资产<br>原　值<br>（万元） |
|---|---|---|---|
| **60.28** | **21 226 551.12** | **1 113 635.18** | **45 467 708.50** |
| 60.53 | 7 601 483.54 | 382 166.98 | 17 995 643.92 |
| 58.79 | 616 420.82 | 33 194.97 | 1 349 341.38 |
| 60.23 | 342 216.59 | 18 160.14 | 742 783.08 |
| 55.03 | 14 743.85 | 829.72 | 41 792.62 |
| 61.24 | 12 696.69 | 665.68 | 30 839.70 |
| 57.18 | 12 803.86 | 732.15 | 39 829.12 |
| 61.23 | 4 450.68 | 239.94 | 2 791.15 |
| 63.06 | 1 072 793.80 | 57 887.40 | 1 958 125.16 |
| 59.98 | 2 519 669.47 | 138 895.45 | 5 055 639.56 |
| 60.69 | 1 153 259.09 | 61 434.18 | 2 317 503.62 |
| 59.16 | 1 132 679.73 | 63 787.99 | 2 105 266.94 |
| 60.74 | 428 417.00 | 24 087.53 | 581 829.39 |
| 60.22 | 1 995 975.27 | 108 969.50 | 3 347 143.90 |
| 56.81 | 215 511.27 | 11 927.85 | 459 670.11 |
| 58.92 | 759 199.91 | 41 529.20 | 1 471 901.43 |
| 60.16 | 967 878.58 | 48 677.39 | 2 497 644.50 |
| 62.03 | 266 579.21 | 12 607.64 | 399 276.52 |
| 61.82 | 405 778.10 | 20 556.11 | 1 031 381.06 |
| 55.10 | 119 666.54 | 6 149.54 | 261 413.33 |
| 62.55 | 736 597.03 | 38 496.16 | 1 887 454.64 |
| 59.08 | 332 890.19 | 16 718.16 | 582 307.27 |
| 61.54 | 429 031.17 | 21 627.78 | 1 107 428.15 |
| 63.69 | 85 808.76 | 4 293.73 | 200 701.97 |
| **60.28** | **21 226 551.12** | **1 113 635.18** | **45 467 708.50** |
| 60.40 | 6 271 220.02 | 332 194.32 | 15 034 848.94 |
| 61.79 | 7 263 526.94 | 373 237.19 | 15 359 683.13 |
| 60.16 | 6 111 408.22 | 325 688.66 | 11 987 507.14 |
| 58.35 | 1 543 617.37 | 80 488.76 | 3 005 843.53 |
| 50.06 | 36 778.57 | 2 026.25 | 79 825.75 |

# 5－2 全国星级饭店

| 地区 | 总计 | 国有企业 | 集体企业 | 股份合作企业 | 国有联营 | 集体联营 | 国有与集体联营 | 其他联营 | 国有独资公司 | 其他有限责任公司 | 股份有限公司 | 私营独资 |
|---|---|---|---|---|---|---|---|---|---|---|---|---|
| **合　计** | **11 779** | **4 179** | **494** | **254** | **11** | **19** | **9** | **5** | **367** | **1 246** | **575** | **1 492** |
| 北　京 | 644 | 203 | 39 | 19 | 0 | 0 | 1 | 1 | 16 | 197 | 13 | 11 |
| 天　津 | 99 | 34 | 5 | 1 | 0 | 0 | 0 | 0 | 0 | 31 | 4 | 11 |
| 河　北 | 198 | 104 | 12 | 1 | 1 | 0 | 0 | 0 | 0 | 25 | 3 | 19 |
| 山　西 | 255 | 107 | 8 | 12 | 0 | 0 | 0 | 0 | 0 | 26 | 26 | 31 |
| 内蒙古 | 239 | 66 | 11 | 1 | 0 | 0 | 0 | 0 | 1 | 46 | 12 | 47 |
| 辽　宁 | 432 | 179 | 17 | 1 | 0 | 2 | 0 | 0 | 2 | 44 | 12 | 50 |
| 吉　林 | 207 | 75 | 19 | 3 | 0 | 1 | 0 | 1 | 0 | 13 | 4 | 34 |
| 黑龙江 | 246 | 126 | 5 | 7 | 1 | 0 | 0 | 0 | 0 | 21 | 14 | 39 |
| 上　海 | 291 | 113 | 21 | 3 | 1 | 0 | 2 | 0 | 34 | 16 | 19 | 15 |
| 江　苏 | 702 | 143 | 29 | 11 | 1 | 0 | 0 | 0 | 287 | 0 | 46 | 146 |
| 浙　江 | 814 | 164 | 69 | 50 | 0 | 3 | 0 | 0 | 0 | 9 | 58 | 41 |
| 安　徽 | 417 | 151 | 11 | 18 | 0 | 0 | 1 | 0 | 1 | 46 | 32 | 64 |
| 福　建 | 374 | 154 | 9 | 5 | 0 | 0 | 0 | 1 | 0 | 28 | 7 | 27 |
| 江　西 | 311 | 141 | 2 | 6 | 0 | 0 | 0 | 0 | 0 | 29 | 19 | 33 |
| 山　东 | 895 | 367 | 44 | 22 | 0 | 4 | 1 | 0 | 0 | 109 | 71 | 82 |
| 河　南 | 386 | 167 | 27 | 9 | 1 | 0 | 0 | 0 | 0 | 47 | 28 | 37 |
| 湖　北 | 455 | 186 | 15 | 14 | 1 | 0 | 0 | 0 | 0 | 50 | 23 | 54 |
| 湖　南 | 433 | 147 | 5 | 12 | 0 | 0 | 0 | 0 | 0 | 22 | 21 | 98 |
| 广　东 | 1 008 | 175 | 38 | 7 | 1 | 2 | 0 | 0 | 24 | 145 | 41 | 73 |
| 广　西 | 379 | 127 | 13 | 4 | 1 | 0 | 0 | 0 | 0 | 27 | 17 | 70 |
| 海　南 | 186 | 61 | 2 | 6 | 2 | 2 | 0 | 1 | 0 | 39 | 8 | 17 |
| 重　庆 | 246 | 78 | 10 | 4 | 0 | 0 | 0 | 0 | 0 | 36 | 10 | 34 |
| 四　川 | 395 | 270 | 3 | 14 | 0 | 0 | 0 | 0 | 0 | 27 | 9 | 24 |
| 贵　州 | 324 | 116 | 1 | 5 | 1 | 0 | 0 | 0 | 1 | 26 | 7 | 89 |
| 云　南 | 560 | 180 | 28 | 6 | 0 | 4 | 1 | 1 | 1 | 37 | 21 | 155 |
| 西　藏 | 105 | 38 | 14 | 1 | 0 | 0 | 0 | 0 | 0 | 11 | 3 | 10 |
| 陕　西 | 269 | 136 | 6 | 2 | 0 | 0 | 0 | 0 | 0 | 50 | 8 | 16 |
| 甘　肃 | 311 | 139 | 18 | 2 | 0 | 0 | 3 | 0 | 0 | 20 | 21 | 57 |
| 青　海 | 105 | 31 | 4 | 2 | 0 | 0 | 0 | 0 | 0 | 18 | 3 | 29 |
| 宁　夏 | 57 | 14 | 0 | 0 | 0 | 0 | 0 | 0 | 0 | 12 | 5 | 5 |
| 新　疆 | 436 | 187 | 9 | 6 | 0 | 1 | 0 | 0 | 0 | 39 | 10 | 74 |

## 的注册登记类型

单位:家

| 私营合伙 | 私营有限责任公司 | 私营股份有限公司 | 其他 | 与港澳台商合资经营 | 与港澳台商合作经营 | 港澳台商独资 | 港澳台商投资股份有限公司 | 中外合资经营 | 中外合作经营 | 外资企业 | 外商投资股份有限公司 |
|---|---|---|---|---|---|---|---|---|---|---|---|
| **383** | **1 514** | **172** | **522** | **147** | **34** | **74** | **24** | **114** | **47** | **77** | **20** |
| 3 | 79 | 7 | 0 | 31 | 2 | 2 | 0 | 15 | 5 | 0 | 0 |
| 0 | 0 | 0 | 2 | 1 | 5 | 0 | 0 | 2 | 2 | 1 | 0 |
| 2 | 22 | 0 | 2 | 4 | 0 | 0 | 0 | 0 | 0 | 1 | 2 |
| 3 | 31 | 3 | 5 | 2 | 0 | 1 | 0 | 0 | 0 | 0 | 0 |
| 5 | 41 | 1 | 7 | 0 | 0 | 1 | 0 | 0 | 0 | 0 | 0 |
| 3 | 55 | 4 | 18 | 11 | 4 | 5 | 1 | 17 | 1 | 5 | 1 |
| 0 | 33 | 6 | 14 | 2 | 0 | 0 | 0 | 0 | 0 | 2 | 0 |
| 2 | 20 | 3 | 2 | 3 | 0 | 1 | 0 | 1 | 0 | 1 | 0 |
| 0 | 25 | 1 | 10 | 13 | 1 | 3 | 0 | 5 | 6 | 3 | 0 |
| 0 | 0 | 0 | 8 | 5 | 1 | 5 | 0 | 12 | 2 | 5 | 1 |
| 144 | 222 | 5 | 23 | 0 | 0 | 0 | 13 | 0 | 0 | 2 | 11 |
| 11 | 55 | 6 | 10 | 4 | 0 | 1 | 1 | 2 | 0 | 3 | 0 |
| 24 | 59 | 8 | 8 | 8 | 0 | 13 | 1 | 7 | 5 | 9 | 1 |
| 10 | 38 | 13 | 12 | 1 | 0 | 1 | 0 | 3 | 0 | 3 | 0 |
| 7 | 126 | 16 | 24 | 5 | 0 | 4 | 0 | 9 | 0 | 3 | 1 |
| 1 | 40 | 7 | 11 | 2 | 0 | 1 | 0 | 5 | 2 | 0 | 1 |
| 17 | 64 | 9 | 9 | 2 | 1 | 2 | 0 | 2 | 0 | 6 | 0 |
| 21 | 59 | 20 | 8 | 8 | 0 | 4 | 2 | 1 | 1 | 4 | 0 |
| 45 | 91 | 14 | 242 | 25 | 17 | 18 | 5 | 14 | 17 | 14 | 0 |
| 22 | 72 | 3 | 9 | 3 | 0 | 5 | 0 | 2 | 2 | 2 | 0 |
| 1 | 18 | 4 | 4 | 6 | 2 | 4 | 1 | 5 | 0 | 3 | 0 |
| 9 | 46 | 7 | 8 | 2 | 0 | 0 | 0 | 0 | 0 | 1 | 1 |
| 2 | 36 | 3 | 6 | 1 | 0 | 0 | 0 | 0 | 0 | 0 | 0 |
| 14 | 45 | 8 | 9 | 1 | 0 | 0 | 0 | 1 | 0 | 0 | 0 |
| 7 | 61 | 5 | 38 | 2 | 0 | 1 | 0 | 4 | 1 | 6 | 1 |
| 9 | 14 | 0 | 4 | 0 | 0 | 0 | 0 | 0 | 0 | 1 | 0 |
| 4 | 30 | 5 | 3 | 1 | 1 | 1 | 0 | 3 | 2 | 1 | 0 |
| 2 | 36 | 8 | 3 | 0 | 0 | 1 | 0 | 1 | 0 | 0 | 0 |
| 3 | 11 | 0 | 2 | 1 | 0 | 0 | 0 | 1 | 0 | 0 | 0 |
| 0 | 17 | 0 | 2 | 0 | 0 | 0 | 0 | 0 | 1 | 1 | 0 |
| 12 | 68 | 6 | 19 | 3 | 0 | 0 | 0 | 2 | 0 | 0 | 0 |

# 5-3 全国星级饭店的地区分布

| 地　区 | 饭店数（家） | 房间数（间） | 床位数（张） | 客房出租率（%） | 营业收入（万元） | 营业税金（万元） | 固定资产原值（万元） |
|---|---|---|---|---|---|---|---|
| **合　计** | **11 779** | **1 476 359** | **2 566 382** | **60.28** | **21 226 551.12** | **1 113 635.18** | **45 467 708.50** |
| 北　京 | 644 | 127 238 | 220 186 | 56.63 | 2 529 197.10 | 131 822.80 | 6 366 158.60 |
| 天　津 | 99 | 16 235 | 27 445 | 50.68 | 232 490.67 | 12 660.30 | 379 464.73 |
| 河　北 | 198 | 24 258 | 44 321 | 57.51 | 286 637.75 | 15 949.99 | 801 127.44 |
| 山　西 | 255 | 27 310 | 50 246 | 59.49 | 372 425.54 | 19 840.77 | 670 574.77 |
| 内蒙古 | 239 | 23 707 | 42 645 | 55.67 | 272 032.72 | 13 385.77 | 585 301.53 |
| 辽　宁 | 432 | 52 678 | 88 920 | 57.98 | 655 577.64 | 34 012.97 | 1 922 152.73 |
| 吉　林 | 207 | 19 546 | 35 828 | 55.70 | 269 498.06 | 13 586.86 | 824 620.10 |
| 黑龙江 | 246 | 23 952 | 44 299 | 49.48 | 197 848.04 | 10 467.34 | 588 988.84 |
| 上　海 | 291 | 63 975 | 98 909 | 65.35 | 1 904 729.15 | 99 408.07 | 3 610 729.61 |
| 江　苏 | 702 | 92 122 | 154 499 | 61.24 | 1 607 772.63 | 85 673.49 | 2 872 650.94 |
| 浙　江 | 814 | 102 979 | 176 407 | 62.90 | 2 261 029.23 | 101 374.57 | 3 043 967.85 |
| 安　徽 | 417 | 44 265 | 80 263 | 58.89 | 492 006.22 | 26 086.25 | 1 014 069.55 |
| 福　建 | 374 | 48 952 | 82 095 | 63.14 | 715 434.55 | 40 748.71 | 1 179 894.47 |
| 江　西 | 311 | 34 078 | 61 156 | 60.18 | 258 904.94 | 13 856.02 | 583 206.81 |
| 山　东 | 895 | 97 105 | 171 384 | 66.66 | 1 422 372.82 | 72 236.68 | 3 606 358.45 |
| 河　南 | 386 | 49 095 | 89 160 | 62.40 | 519 214.45 | 27 919.14 | 956 867.35 |
| 湖　北 | 455 | 44 975 | 78 813 | 62.78 | 439 279.71 | 22 512.85 | 1 063 351.61 |
| 湖　南 | 433 | 52 892 | 92 263 | 71.38 | 662 449.00 | 33 152.24 | 1 449 071.02 |
| 广　东 | 1 008 | 152 891 | 249 708 | 57.57 | 2 534 983.17 | 145 830.38 | 4 717 019.10 |
| 广　西 | 379 | 47 826 | 84 703 | 62.12 | 392 550.49 | 21 099.52 | 939 238.09 |
| 海　南 | 186 | 31 159 | 56 390 | 59.65 | 362 769.67 | 19 197.57 | 999 377.09 |
| 重　庆 | 246 | 30 901 | 52 234 | 58.61 | 388 962.35 | 20 603.22 | 738 708.89 |
| 四　川 | 395 | 48 730 | 84 021 | 64.67 | 653 180.52 | 35 277.39 | 1 589 774.32 |
| 贵　州 | 324 | 24 726 | 43 807 | 62.99 | 185 072.84 | 10 261.33 | 314 034.70 |
| 云　南 | 560 | 53 703 | 97 926 | 54.89 | 367 491.42 | 20 834.36 | 1 335 130.28 |
| 西　藏 | 105 | 9 576 | 18 084 | 43.62 | 41 387.61 | 2 062.34 | 239 244.39 |
| 陕　西 | 269 | 36 533 | 66 376 | 61.75 | 459 303.58 | 23 568.03 | 1 049 052.00 |
| 甘　肃 | 311 | 31 132 | 57 573 | 54.57 | 210 410.80 | 11 114.73 | 568 325.79 |
| 青　海 | 105 | 10 087 | 18 879 | 45.34 | 64 313.82 | 3 491.28 | 154 204.02 |
| 宁　夏 | 57 | 6 383 | 11 061 | 56.47 | 68 964.44 | 3 405.35 | 213 270.44 |
| 新　疆 | 436 | 47 350 | 86 781 | 60.72 | 398 260.18 | 22 194.86 | 1 091 773.00 |

# 5-4 全国星级饭店的星级构成

单位:家

| 地区 | 星级饭店总数 | 五星级 | 四星级 | 三星级 | 二星级 | 一星级 |
|---|---|---|---|---|---|---|
| **合计** | **11 779** | **545** | **2 002** | **5 384** | **3 636** | **212** |
| 北京 | 644 | 58 | 123 | 246 | 200 | 17 |
| 天津 | 99 | 10 | 29 | 45 | 14 | 1 |
| 河北 | 198 | 4 | 51 | 89 | 51 | 3 |
| 山西 | 255 | 9 | 46 | 104 | 96 | 0 |
| 内蒙古 | 239 | 7 | 16 | 79 | 126 | 11 |
| 辽宁 | 432 | 16 | 68 | 222 | 117 | 9 |
| 吉林 | 207 | 7 | 40 | 85 | 74 | 1 |
| 黑龙江 | 246 | 4 | 48 | 110 | 79 | 5 |
| 上海 | 291 | 43 | 62 | 119 | 65 | 2 |
| 江苏 | 702 | 58 | 182 | 325 | 137 | 0 |
| 浙江 | 814 | 38 | 146 | 324 | 283 | 23 |
| 安徽 | 417 | 14 | 83 | 166 | 151 | 3 |
| 福建 | 374 | 20 | 93 | 182 | 78 | 1 |
| 江西 | 311 | 7 | 56 | 173 | 74 | 1 |
| 山东 | 895 | 24 | 150 | 475 | 244 | 2 |
| 河南 | 386 | 10 | 57 | 192 | 123 | 4 |
| 湖北 | 455 | 11 | 61 | 188 | 179 | 16 |
| 湖南 | 433 | 15 | 48 | 192 | 168 | 10 |
| 广东 | 1 008 | 84 | 177 | 568 | 176 | 3 |
| 广西 | 379 | 13 | 49 | 199 | 115 | 3 |
| 海南 | 186 | 19 | 50 | 87 | 26 | 4 |
| 重庆 | 246 | 15 | 53 | 122 | 55 | 1 |
| 四川 | 395 | 16 | 67 | 163 | 143 | 6 |
| 贵州 | 324 | 4 | 31 | 132 | 141 | 16 |
| 云南 | 560 | 11 | 54 | 156 | 309 | 30 |
| 西藏 | 105 | 0 | 10 | 47 | 40 | 8 |
| 陕西 | 269 | 8 | 37 | 148 | 76 | 0 |
| 甘肃 | 311 | 3 | 37 | 134 | 123 | 14 |
| 青海 | 105 | 1 | 12 | 46 | 43 | 3 |
| 宁夏 | 57 | 1 | 10 | 39 | 7 | 0 |
| 新疆 | 436 | 15 | 56 | 227 | 123 | 15 |

# 5-5 全国星级饭店的营业收入总额

单位:万元

| 地　区 | 营业收入 | #客房 | #餐饮 |
|---|---|---|---|
| **合　计** | **21 226 551.12** | **9 072 100.88** | **9 045 283.06** |
| 北　京 | 2 529 197.10 | 1 128 651.10 | 838 003.10 |
| 天　津 | 232 490.67 | 97 299.73 | 96 848.14 |
| 河　北 | 286 637.75 | 109 885.43 | 148 529.08 |
| 山　西 | 372 425.54 | 148 448.46 | 192 778.34 |
| 内蒙古 | 272 032.72 | 116 385.84 | 130 129.46 |
| 辽　宁 | 655 577.64 | 286 190.36 | 291 688.53 |
| 吉　林 | 269 498.06 | 113 890.56 | 126 678.19 |
| 黑龙江 | 197 848.04 | 102 959.13 | 81 025.29 |
| 上　海 | 1 904 729.15 | 1 008 776.92 | 652 227.74 |
| 江　苏 | 1 607 772.63 | 575 843.99 | 840 709.67 |
| 浙　江 | 2 261 029.23 | 650 978.16 | 966 848.82 |
| 安　徽 | 492 006.22 | 204 846.95 | 234 859.90 |
| 福　建 | 715 434.55 | 299 184.75 | 352 184.79 |
| 江　西 | 258 904.94 | 136 830.80 | 105 596.36 |
| 山　东 | 1 422 372.82 | 624 254.29 | 692 225.09 |
| 河　南 | 519 214.45 | 211 872.44 | 241 033.06 |
| 湖　北 | 439 279.71 | 216 660.30 | 186 761.97 |
| 湖　南 | 662 449.00 | 287 119.59 | 294 522.67 |
| 广　东 | 2 534 983.17 | 1 052 852.90 | 1 098 993.81 |
| 广　西 | 392 550.49 | 180 347.88 | 169 646.08 |
| 海　南 | 362 769.67 | 211 903.83 | 121 825.91 |
| 重　庆 | 388 962.35 | 159 747.49 | 173 581.83 |
| 四　川 | 653 180.52 | 297 738.43 | 249 432.71 |
| 贵　州 | 185 072.84 | 103 227.37 | 68 792.12 |
| 云　南 | 367 491.42 | 184 973.00 | 128 813.54 |
| 西　藏 | 41 387.61 | 24 010.57 | 11 480.41 |
| 陕　西 | 459 303.58 | 185 078.22 | 226 704.25 |
| 甘　肃 | 210 410.80 | 106 185.60 | 87 975.83 |
| 青　海 | 64 313.82 | 35 736.82 | 22 270.72 |
| 宁　夏 | 68 964.44 | 29 895.90 | 35 138.20 |
| 新　疆 | 398 260.18 | 180 324.09 | 177 977.43 |

# 5-6 全国星级饭店的营业收入构成

| 地　区 | 营业收入（万元） | #客房（%） | #餐饮（%） |
|---|---|---|---|
| **合　计** | **21 226 551.12** | **42.74** | **42.61** |
| 北　京 | 2 529 197.10 | 44.62 | 33.13 |
| 天　津 | 232 490.67 | 41.85 | 41.66 |
| 河　北 | 286 637.75 | 38.34 | 51.82 |
| 山　西 | 372 425.54 | 39.86 | 51.76 |
| 内蒙古 | 272 032.72 | 42.78 | 47.84 |
| 辽　宁 | 655 577.64 | 43.65 | 44.49 |
| 吉　林 | 269 498.06 | 42.26 | 47.01 |
| 黑龙江 | 197 848.04 | 52.04 | 40.95 |
| 上　海 | 1 904 729.15 | 52.96 | 34.24 |
| 江　苏 | 1 607 772.63 | 35.82 | 52.29 |
| 浙　江 | 2 261 029.23 | 28.79 | 42.76 |
| 安　徽 | 492 006.22 | 41.64 | 47.74 |
| 福　建 | 715 434.55 | 41.82 | 49.23 |
| 江　西 | 258 904.94 | 52.85 | 40.79 |
| 山　东 | 1 422 372.82 | 43.89 | 48.67 |
| 河　南 | 519 214.45 | 40.81 | 46.42 |
| 湖　北 | 439 279.71 | 49.32 | 42.52 |
| 湖　南 | 662 449.00 | 43.34 | 44.46 |
| 广　东 | 2 534 983.17 | 41.53 | 43.35 |
| 广　西 | 392 550.49 | 45.94 | 43.22 |
| 海　南 | 362 769.67 | 58.41 | 33.58 |
| 重　庆 | 388 962.35 | 41.07 | 44.63 |
| 四　川 | 653 180.52 | 45.58 | 38.19 |
| 贵　州 | 185 072.84 | 55.78 | 37.17 |
| 云　南 | 367 491.42 | 50.33 | 35.05 |
| 西　藏 | 41 387.61 | 58.01 | 27.74 |
| 陕　西 | 459 303.58 | 40.30 | 49.36 |
| 甘　肃 | 210 410.80 | 50.47 | 41.81 |
| 青　海 | 64 313.82 | 55.57 | 34.63 |
| 宁　夏 | 68 964.44 | 43.35 | 50.95 |
| 新　疆 | 398 260.18 | 45.28 | 44.69 |

# 5－7　全国星级饭店每间客房的收益

| 地　区 | 饭店数（家） | 饭店规模 | | 客房出租率（%） | 每间客房年收入（万元） |
|---|---|---|---|---|---|
| | | 客房数（间） | 床位数（张） | | |
| **合　计** | **11 779** | **1 476 359** | **2 566 382** | **60.28** | **14.38** |
| 北　京 | 644 | 127 238 | 220 186 | 56.63 | 19.88 |
| 天　津 | 99 | 16 235 | 27 445 | 50.68 | 14.32 |
| 河　北 | 198 | 24 258 | 44 321 | 57.51 | 11.82 |
| 山　西 | 255 | 27 310 | 50 246 | 59.49 | 13.64 |
| 内蒙古 | 239 | 23 707 | 42 645 | 55.67 | 11.47 |
| 辽　宁 | 432 | 52 678 | 88 920 | 57.98 | 12.44 |
| 吉　林 | 207 | 19 546 | 35 828 | 55.70 | 13.79 |
| 黑龙江 | 246 | 23 952 | 44 299 | 49.48 | 8.26 |
| 上　海 | 291 | 63 975 | 98 909 | 65.35 | 29.77 |
| 江　苏 | 702 | 92 122 | 154 499 | 61.24 | 17.45 |
| 浙　江 | 814 | 102 979 | 176 407 | 62.90 | 21.96 |
| 安　徽 | 417 | 44 265 | 80 263 | 58.89 | 11.12 |
| 福　建 | 374 | 48 952 | 82 095 | 63.14 | 14.62 |
| 江　西 | 311 | 34 078 | 61 156 | 60.18 | 7.60 |
| 山　东 | 895 | 97 105 | 171 384 | 66.66 | 14.65 |
| 河　南 | 386 | 49 095 | 89 160 | 62.40 | 10.58 |
| 湖　北 | 455 | 44 975 | 78 813 | 62.78 | 9.77 |
| 湖　南 | 433 | 52 892 | 92 263 | 71.38 | 12.52 |
| 广　东 | 1 008 | 152 891 | 249 708 | 57.57 | 16.58 |
| 广　西 | 379 | 47 826 | 84 703 | 62.12 | 8.21 |
| 海　南 | 186 | 31 159 | 56 390 | 59.65 | 11.64 |
| 重　庆 | 246 | 30 901 | 52 234 | 58.61 | 12.59 |
| 四　川 | 395 | 48 730 | 84 021 | 64.67 | 13.40 |
| 贵　州 | 324 | 24 726 | 43 807 | 62.99 | 7.48 |
| 云　南 | 560 | 53 703 | 97 926 | 54.89 | 6.84 |
| 西　藏 | 105 | 9 576 | 18 084 | 43.62 | 4.32 |
| 陕　西 | 269 | 36 533 | 66 376 | 61.75 | 12.57 |
| 甘　肃 | 311 | 31 132 | 57 573 | 54.57 | 6.76 |
| 青　海 | 105 | 10 087 | 18 879 | 45.34 | 6.38 |
| 宁　夏 | 57 | 6 383 | 11 061 | 56.47 | 10.80 |
| 新　疆 | 436 | 47 350 | 86 781 | 60.72 | 8.41 |

# 5-8 全国星级饭店的人均效益

| 地　区 | 全员劳动生产率（万元/人） | 人均实现税金（万元/人） | 人均实现利润（万元/人） | 人均占用固定资产原值（万元/人） | 年末从业人员（人） |
|---|---|---|---|---|---|
| **合　计** | **13.43** | **0.70** | **0.32** | **28.76** | **1 580 963** |
| 北　京 | 19.86 | 1.03 | 0.52 | 49.98 | 127 379 |
| 天　津 | 13.19 | 0.72 | -0.84 | 21.52 | 17 630 |
| 河　北 | 9.16 | 0.51 | -1.05 | 25.60 | 31 288 |
| 山　西 | 8.79 | 0.47 | -0.26 | 15.82 | 42 391 |
| 内蒙古 | 10.37 | 0.51 | 0.01 | 22.31 | 26 240 |
| 辽　宁 | 12.79 | 0.66 | -0.83 | 37.50 | 51 257 |
| 吉　林 | 11.76 | 0.59 | -0.84 | 35.97 | 22 924 |
| 黑龙江 | 9.47 | 0.50 | 0.11 | 28.18 | 20 902 |
| 上　海 | 27.27 | 1.42 | 3.76 | 51.70 | 69 837 |
| 江　苏 | 15.00 | 0.80 | -0.11 | 26.80 | 107 173 |
| 浙　江 | 20.36 | 0.91 | 0.76 | 27.42 | 111 027 |
| 安　徽 | 10.86 | 0.58 | 0.34 | 22.38 | 45 306 |
| 福　建 | 12.14 | 0.69 | 0.54 | 20.03 | 58 918 |
| 江　西 | 9.12 | 0.49 | 0.00 | 20.55 | 28 380 |
| 山　东 | 11.94 | 0.61 | 0.19 | 30.27 | 119 122 |
| 河　南 | 9.20 | 0.49 | -0.39 | 16.95 | 56 464 |
| 湖　北 | 9.69 | 0.50 | 0.16 | 23.45 | 45 349 |
| 湖　南 | 11.22 | 0.56 | 0.21 | 24.54 | 59 049 |
| 广　东 | 13.44 | 0.77 | 0.55 | 25.01 | 188 642 |
| 广　西 | 9.24 | 0.50 | -0.30 | 22.11 | 42 479 |
| 海　南 | 14.15 | 0.75 | 2.01 | 38.97 | 25 643 |
| 重　庆 | 10.95 | 0.58 | 0.11 | 20.80 | 35 512 |
| 四　川 | 11.88 | 0.64 | 0.27 | 28.92 | 54 973 |
| 贵　州 | 8.67 | 0.48 | 0.51 | 14.72 | 21 335 |
| 云　南 | 8.79 | 0.50 | 0.06 | 31.94 | 41 807 |
| 西　藏 | 7.75 | 0.39 | 0.21 | 44.79 | 5 341 |
| 陕　西 | 10.41 | 0.53 | -0.07 | 23.77 | 44 133 |
| 甘　肃 | 7.25 | 0.38 | -0.13 | 19.59 | 29 016 |
| 青　海 | 8.01 | 0.44 | -0.17 | 19.22 | 8 025 |
| 宁　夏 | 8.96 | 0.44 | -0.57 | 27.70 | 7 700 |
| 新　疆 | 11.15 | 0.62 | -0.23 | 30.56 | 35 721 |

# 六、全国五星级饭店综合资料

# 6－1　全国五星级饭店

| 饭店注册登记类型 | 饭店数<br>（家） | 房间数<br>（间） | 床位数<br>（张） |
|---|---|---|---|
| **合计** | **545** | **200 110** | **302 792** |
| 国有企业 | 158 | 55 593 | 87 360 |
| 集体企业 | 6 | 2 038 | 3 306 |
| 股份合作企业 | 4 | 1 212 | 1 815 |
| 国有联营 | 1 | 195 | 354 |
| 集体联营 | 0 | 0 | 0 |
| 国有与集体联营 | 0 | 0 | 0 |
| 其他联营 | 0 | 0 | 0 |
| 国有独资公司 | 32 | 10 859 | 15 299 |
| 其他有限责任公司 | 69 | 23 932 | 35 799 |
| 股份有限公司 | 24 | 10 737 | 17 807 |
| 私营独资 | 25 | 8 523 | 12 619 |
| 私营合伙 | 8 | 2 973 | 4 155 |
| 私营有限责任公司 | 37 | 11 880 | 18 058 |
| 私营股份有限公司 | 11 | 3 966 | 6 379 |
| 其他 | 23 | 7 903 | 11 745 |
| 与港澳台商合资经营 | 40 | 17 733 | 25 466 |
| 与港澳台商合作经营 | 8 | 3 965 | 5 456 |
| 港澳台商独资 | 14 | 5 678 | 8 728 |
| 港澳台商投资股份有限公司 | 7 | 2 145 | 3 627 |
| 中外合资经营 | 32 | 12 227 | 18 411 |
| 中外合作经营 | 15 | 6 463 | 8 562 |
| 外资企业 | 27 | 10 678 | 15 691 |
| 外商投资股份有限公司 | 4 | 1 410 | 2 155 |

## 综合情况

| 客　房<br>出租率<br>（%） | 营业收入<br><br>（万元） | 营业税金<br><br>（万元） | 固定资产<br>原　　值<br>（万元） |
|---|---|---|---|
| **60.40** | **6 271 220.02** | **332 194.32** | **15 034 848.94** |
| 60.81 | 1 720 278.78 | 92 561.26 | 4 957 510.54 |
| 60.51 | 59 302.44 | 3 000.82 | 133 232.56 |
| 69.91 | 42 130.59 | 2 223.74 | 120 269.52 |
| 51.88 | 3 133.84 | 172.36 | 14 277.10 |
| 0.00 | 0.00 | 0.00 | 0.00 |
| 0.00 | 0.00 | 0.00 | 0.00 |
| 0.00 | 0.00 | 0.00 | 0.00 |
| 63.70 | 324 201.21 | 17 371.31 | 714 208.44 |
| 59.78 | 706 727.40 | 39 546.81 | 1 586 250.81 |
| 61.73 | 341 157.39 | 17 875.81 | 768 043.59 |
| 64.71 | 245 397.42 | 13 749.26 | 388 853.03 |
| 50.89 | 73 015.26 | 4 012.62 | 150 783.10 |
| 60.08 | 292 804.57 | 16 443.39 | 502 328.83 |
| 45.68 | 52 076.32 | 2 845.13 | 159 327.73 |
| 58.26 | 181 809.03 | 10 128.87 | 400 916.55 |
| 57.93 | 632 985.22 | 31 633.50 | 1 660 326.22 |
| 56.73 | 174 745.62 | 7 895.00 | 166 111.32 |
| 62.30 | 256 200.54 | 12 858.93 | 679 583.70 |
| 53.15 | 70 301.11 | 3 567.20 | 186 105.97 |
| 62.70 | 468 750.42 | 24 793.32 | 1 175 057.66 |
| 57.97 | 226 566.12 | 11 286.76 | 245 016.94 |
| 63.88 | 353 118.42 | 17 888.97 | 890 874.23 |
| 65.49 | 46 518.30 | 2 339.23 | 135 771.10 |

# 6－2 全国五星级饭店

| 地区 | 总计 | 国有企业 | 集体企业 | 股份合作企业 | 国有联营 | 集体联营 | 国有与集体联营 | 其他联营 | 国有独资公司 | 其他有限责任公司 | 股份有限公司 | 私营独资 |
|---|---|---|---|---|---|---|---|---|---|---|---|---|
| **总　计** | **545** | **158** | **6** | **4** | **1** | **0** | **0** | **0** | **32** | **69** | **24** | **25** |
| 北　京 | 58 | 10 | 0 | 0 | 0 | 0 | 0 | 0 | 1 | 14 | 2 | 0 |
| 天　津 | 10 | 1 | 0 | 0 | 0 | 0 | 0 | 0 | 0 | 4 | 0 | 1 |
| 河　北 | 4 | 4 | 0 | 0 | 0 | 0 | 0 | 0 | 0 | 0 | 0 | 0 |
| 山　西 | 9 | 0 | 0 | 1 | 0 | 0 | 0 | 0 | 0 | 3 | 2 | 2 |
| 内蒙古 | 7 | 3 | 0 | 0 | 0 | 0 | 0 | 0 | 0 | 2 | 0 | 0 |
| 辽　宁 | 16 | 5 | 0 | 0 | 0 | 0 | 0 | 0 | 0 | 2 | 0 | 0 |
| 吉　林 | 7 | 1 | 0 | 0 | 0 | 0 | 0 | 0 | 0 | 1 | 0 | 0 |
| 黑龙江 | 4 | 0 | 0 | 0 | 0 | 0 | 0 | 0 | 0 | 0 | 1 | 2 |
| 上　海 | 43 | 13 | 0 | 0 | 0 | 0 | 0 | 0 | 6 | 4 | 1 | 2 |
| 江　苏 | 58 | 12 | 2 | 1 | 0 | 0 | 0 | 0 | 24 | 0 | 3 | 4 |
| 浙　江 | 38 | 10 | 1 | 1 | 0 | 0 | 0 | 0 | 0 | 2 | 3 | 0 |
| 安　徽 | 14 | 6 | 0 | 0 | 0 | 0 | 0 | 0 | 0 | 3 | 1 | 1 |
| 福　建 | 20 | 10 | 0 | 0 | 0 | 0 | 0 | 0 | 0 | 1 | 1 | 0 |
| 江　西 | 7 | 4 | 0 | 0 | 0 | 0 | 0 | 0 | 0 | 1 | 0 | 1 |
| 山　东 | 24 | 11 | 1 | 0 | 0 | 0 | 0 | 0 | 0 | 2 | 2 | 0 |
| 河　南 | 10 | 3 | 0 | 0 | 1 | 0 | 0 | 0 | 0 | 3 | 0 | 0 |
| 湖　北 | 11 | 5 | 0 | 0 | 0 | 0 | 0 | 0 | 0 | 1 | 1 | 2 |
| 湖　南 | 15 | 7 | 0 | 0 | 0 | 0 | 0 | 0 | 0 | 2 | 2 | 0 |
| 广　东 | 84 | 9 | 1 | 0 | 0 | 0 | 0 | 0 | 1 | 11 | 2 | 4 |
| 广　西 | 13 | 7 | 0 | 0 | 0 | 0 | 0 | 0 | 0 | 0 | 0 | 0 |
| 海　南 | 19 | 6 | 0 | 0 | 0 | 0 | 0 | 0 | 0 | 4 | 1 | 0 |
| 重　庆 | 15 | 4 | 0 | 1 | 0 | 0 | 0 | 0 | 0 | 1 | 0 | 3 |
| 四　川 | 16 | 12 | 0 | 0 | 0 | 0 | 0 | 0 | 0 | 1 | 0 | 0 |
| 贵　州 | 4 | 2 | 0 | 0 | 0 | 0 | 0 | 0 | 0 | 1 | 0 | 1 |
| 云　南 | 11 | 4 | 0 | 0 | 0 | 0 | 0 | 0 | 0 | 2 | 2 | 1 |
| 西　藏 | 0 | 0 | 0 | 0 | 0 | 0 | 0 | 0 | 0 | 0 | 0 | 0 |
| 陕　西 | 8 | 2 | 0 | 0 | 0 | 0 | 0 | 0 | 0 | 1 | 0 | 0 |
| 甘　肃 | 3 | 1 | 0 | 0 | 0 | 0 | 0 | 0 | 0 | 0 | 0 | 0 |
| 青　海 | 1 | 0 | 0 | 0 | 0 | 0 | 0 | 0 | 0 | 1 | 0 | 0 |
| 宁　夏 | 1 | 0 | 0 | 0 | 0 | 0 | 0 | 0 | 0 | 0 | 0 | 0 |
| 新　疆 | 15 | 6 | 1 | 0 | 0 | 0 | 0 | 0 | 0 | 2 | 0 | 1 |

## 的注册登记类型

单位:家

| 私营合伙 | 私营有限责任公司 | 私营股份有限公司 | 其他 | 与港澳台商合资经营 | 与港澳台商合作经营 | 港澳台商独资 | 港澳台商投资股份有限公司 | 中外合资经营 | 中外合作经营 | 外资企业 | 外商投资股份有限公司 |
|---|---|---|---|---|---|---|---|---|---|---|---|
| **8** | **37** | **11** | **23** | **40** | **8** | **14** | **7** | **32** | **15** | **27** | **4** |
| 0 | 1 | 3 | 0 | 14 | 2 | 1 | 0 | 7 | 3 | 0 | 0 |
| 0 | 0 | 0 | 0 | 0 | 3 | 0 | 0 | 1 | 0 | 0 | 0 |
| 0 | 0 | 0 | 0 | 0 | 0 | 0 | 0 | 0 | 0 | 0 | 0 |
| 0 | 1 | 0 | 0 | 0 | 0 | 0 | 0 | 0 | 0 | 0 | 0 |
| 0 | 1 | 0 | 0 | 0 | 0 | 1 | 0 | 0 | 0 | 0 | 0 |
| 0 | 1 | 1 | 0 | 3 | 1 | 1 | 0 | 2 | 0 | 0 | 0 |
| 0 | 2 | 0 | 2 | 0 | 0 | 0 | 0 | 0 | 0 | 1 | 0 |
| 0 | 0 | 0 | 0 | 0 | 0 | 0 | 0 | 0 | 0 | 1 | 0 |
| 0 | 2 | 0 | 1 | 3 | 1 | 1 | 0 | 3 | 3 | 3 | 0 |
| 0 | 0 | 0 | 0 | 2 | 0 | 1 | 0 | 4 | 0 | 4 | 1 |
| 4 | 9 | 0 | 0 | 0 | 0 | 0 | 5 | 0 | 0 | 1 | 2 |
| 0 | 0 | 2 | 0 | 0 | 0 | 0 | 0 | 0 | 0 | 1 | 0 |
| 0 | 0 | 0 | 0 | 1 | 0 | 2 | 0 | 1 | 3 | 1 | 0 |
| 0 | 0 | 0 | 1 | 0 | 0 | 0 | 0 | 0 | 0 | 0 | 0 |
| 0 | 3 | 1 | 0 | 1 | 0 | 0 | 0 | 2 | 0 | 1 | 0 |
| 0 | 0 | 0 | 0 | 2 | 0 | 0 | 0 | 0 | 1 | 0 | 0 |
| 0 | 0 | 0 | 0 | 0 | 0 | 0 | 0 | 1 | 0 | 1 | 0 |
| 0 | 2 | 1 | 0 | 0 | 0 | 0 | 0 | 0 | 0 | 1 | 0 |
| 3 | 6 | 2 | 17 | 6 | 1 | 4 | 1 | 5 | 4 | 7 | 0 |
| 0 | 1 | 0 | 0 | 1 | 0 | 2 | 0 | 1 | 0 | 1 | 0 |
| 0 | 0 | 0 | 0 | 4 | 0 | 0 | 1 | 2 | 0 | 1 | 0 |
| 1 | 1 | 0 | 1 | 1 | 0 | 0 | 0 | 0 | 0 | 1 | 1 |
| 0 | 3 | 0 | 0 | 0 | 0 | 0 | 0 | 0 | 0 | 0 | 0 |
| 0 | 0 | 0 | 0 | 0 | 0 | 0 | 0 | 0 | 0 | 0 | 0 |
| 0 | 0 | 0 | 0 | 1 | 0 | 0 | 0 | 0 | 0 | 1 | 0 |
| 0 | 0 | 0 | 0 | 0 | 0 | 0 | 0 | 0 | 0 | 0 | 0 |
| 0 | 0 | 0 | 0 | 0 | 0 | 1 | 0 | 2 | 1 | 1 | 0 |
| 0 | 1 | 1 | 0 | 0 | 0 | 0 | 0 | 0 | 0 | 0 | 0 |
| 0 | 0 | 0 | 0 | 0 | 0 | 0 | 0 | 0 | 0 | 0 | 0 |
| 0 | 0 | 0 | 1 | 0 | 0 | 0 | 0 | 0 | 0 | 0 | 0 |
| 0 | 3 | 0 | 0 | 1 | 0 | 0 | 0 | 1 | 0 | 0 | 0 |

# 6－3　全国五星级饭店的地区分布

| 地　区 | 饭店数（家） | 房间数（间） | 床位数（张） | 客　房出租率（%） | 营业收入（万元） | 营业税金（万元） | 固定资产原　值（万元） |
|---|---|---|---|---|---|---|---|
| **总　计** | **545** | **200 110** | **302 792** | **60.40** | **6 271 220.02** | **332 194.32** | **15 034 848.94** |
| 北　京 | 58 | 29 708 | 46 210 | 58.87 | 1 056 240.20 | 53 585.60 | 2 852 357.70 |
| 天　津 | 10 | 3 058 | 4 499 | 42.90 | 63 071.76 | 3 440.16 | 53 278.78 |
| 河　北 | 4 | 1 139 | 1 663 | 45.18 | 25 319.10 | 1 399.40 | 202 456.20 |
| 山　西 | 9 | 1 734 | 2 708 | 57.99 | 38 098.87 | 1 944.83 | 69 077.51 |
| 内蒙古 | 7 | 2 738 | 4 333 | 62.70 | 74 102.40 | 4 018.53 | 175 187.89 |
| 辽　宁 | 16 | 5 929 | 8 109 | 57.39 | 157 175.17 | 7 539.43 | 460 526.27 |
| 吉　林 | 7 | 2 076 | 3 209 | 61.43 | 54 985.40 | 2 657.60 | 193 743.90 |
| 黑龙江 | 4 | 1 075 | 1 560 | 66.47 | 36 084.09 | 1 976.98 | 50 812.82 |
| 上　海 | 43 | 19 011 | 26 071 | 67.96 | 968 218.67 | 50 718.48 | 1 896 459.40 |
| 江　苏 | 58 | 18 313 | 27 136 | 60.09 | 498 401.50 | 26 757.78 | 1 066 155.36 |
| 浙　江 | 38 | 11 950 | 18 604 | 59.86 | 433 835.06 | 23 313.52 | 930 513.51 |
| 安　徽 | 14 | 4 627 | 7 550 | 56.69 | 81 305.11 | 4 539.30 | 205 099.85 |
| 福　建 | 20 | 6 219 | 9 331 | 63.70 | 189 597.85 | 10 255.56 | 334 012.03 |
| 江　西 | 7 | 1 913 | 2 903 | 68.15 | 39 316.95 | 2 123.22 | 109 319.93 |
| 山　东 | 24 | 8 268 | 12 463 | 64.86 | 230 687.02 | 11 822.28 | 689 028.74 |
| 河　南 | 10 | 2 642 | 4 114 | 57.91 | 69 992.34 | 3 630.66 | 143 671.20 |
| 湖　北 | 11 | 3 519 | 4 850 | 68.26 | 83 440.99 | 4 367.77 | 251 495.23 |
| 湖　南 | 15 | 5 814 | 8 902 | 66.23 | 198 270.73 | 9 805.89 | 485 755.45 |
| 广　东 | 84 | 33 383 | 49 738 | 58.44 | 1 014 097.85 | 56 989.64 | 2 096 623.12 |
| 广　西 | 13 | 4 635 | 7 930 | 58.34 | 93 085.25 | 4 740.50 | 330 536.79 |
| 海　南 | 19 | 7 404 | 12 027 | 57.73 | 217 895.34 | 11 367.46 | 530 468.85 |
| 重　庆 | 15 | 5 391 | 8 115 | 63.34 | 138 286.42 | 7 179.44 | 310 052.04 |
| 四　川 | 16 | 5 624 | 8 941 | 59.52 | 186 859.80 | 10 281.08 | 516 177.17 |
| 贵　州 | 4 | 1 010 | 1 614 | 66.12 | 24 666.99 | 1 331.12 | 28 042.60 |
| 云　南 | 11 | 3 938 | 6 314 | 59.74 | 75 266.68 | 4 353.19 | 250 939.60 |
| 西　藏 | 0 | 0 | 0 | 0.00 | 0.00 | 0.00 | 0.00 |
| 陕　西 | 8 | 3 715 | 5 823 | 61.59 | 89 081.16 | 4 582.31 | 305 660.08 |
| 甘　肃 | 3 | 666 | 1 101 | 57.07 | 13 263.20 | 678.80 | 51 347.50 |
| 青　海 | 1 | 316 | 438 | 38.63 | 6 246.75 | 373.20 | 14 782.02 |
| 宁　夏 | 1 | 482 | 587 | 39.12 | 7 680.50 | 0.00 | 69 269.80 |
| 新　疆 | 15 | 3 813 | 5 949 | 55.98 | 106 646.87 | 6 420.59 | 361 997.60 |

# 6-4 全国五星级饭店的营业收入总额

单位:万元

| 地　区 | 营业收入 | | |
|---|---|---|---|
| | | #客房 | #餐饮 |
| **总　计** | **6 271 220.02** | **2 834 408.87** | **2 619 699.81** |
| 北　京 | 1 056 240.20 | 467 237.50 | 367 825.30 |
| 天　津 | 63 071.76 | 29 706.26 | 28 069.54 |
| 河　北 | 25 319.10 | 12 011.70 | 10 783.10 |
| 山　西 | 38 098.87 | 15 991.11 | 21 031.85 |
| 内蒙古 | 74 102.40 | 30 079.88 | 35 277.42 |
| 辽　宁 | 157 175.17 | 71 437.39 | 68 527.89 |
| 吉　林 | 54 985.40 | 24 667.10 | 25 675.10 |
| 黑龙江 | 36 084.09 | 20 429.16 | 13 929.81 |
| 上　海 | 968 218.67 | 525 875.81 | 353 967.20 |
| 江　苏 | 498 401.50 | 208 275.93 | 245 433.80 |
| 浙　江 | 433 835.06 | 148 943.52 | 235 269.85 |
| 安　徽 | 81 305.11 | 36 961.75 | 36 261.58 |
| 福　建 | 189 597.85 | 79 269.43 | 94 292.99 |
| 江　西 | 39 316.95 | 18 028.43 | 17 109.61 |
| 山　东 | 230 687.02 | 110 237.07 | 96 723.47 |
| 河　南 | 69 992.34 | 29 054.40 | 31 305.80 |
| 湖　北 | 83 440.99 | 42 783.55 | 35 245.97 |
| 湖　南 | 198 270.73 | 64 011.81 | 96 817.92 |
| 广　东 | 1 014 097.85 | 432 803.39 | 421 921.36 |
| 广　西 | 93 085.25 | 40 025.90 | 41 683.49 |
| 海　南 | 217 895.34 | 123 853.65 | 76 111.58 |
| 重　庆 | 138 286.42 | 57 964.19 | 62 544.28 |
| 四　川 | 186 859.80 | 92 321.80 | 69 512.40 |
| 贵　州 | 24 666.99 | 13 592.56 | 9 356.48 |
| 云　南 | 75 266.68 | 40 703.34 | 28 583.66 |
| 西　藏 | 0.00 | 0.00 | 0.00 |
| 陕　西 | 89 081.16 | 46 757.01 | 38 233.56 |
| 甘　肃 | 13 263.20 | 6 548.30 | 5 159.60 |
| 青　海 | 6 246.75 | 3 899.36 | 1 792.32 |
| 宁　夏 | 7 680.50 | 4 264.20 | 2 293.00 |
| 新　疆 | 106 646.87 | 36 673.38 | 48 959.91 |

# 6－5　全国五星级饭店的营业收入构成

| 地　区 | 营业收入（万元） | #客房（%） | #餐饮（%） |
|---|---|---|---|
| **总　计** | **6 271 220.02** | **45.20** | **41.77** |
| 北　京 | 1 056 240.20 | 44.24 | 34.82 |
| 天　津 | 63 071.76 | 47.10 | 44.50 |
| 河　北 | 25 319.10 | 47.44 | 42.59 |
| 山　西 | 38 098.87 | 41.97 | 55.20 |
| 内蒙古 | 74 102.40 | 40.59 | 47.61 |
| 辽　宁 | 157 175.17 | 45.45 | 43.60 |
| 吉　林 | 54 985.40 | 44.86 | 46.69 |
| 黑龙江 | 36 084.09 | 56.62 | 38.60 |
| 上　海 | 968 218.67 | 54.31 | 36.56 |
| 江　苏 | 498 401.50 | 41.79 | 49.24 |
| 浙　江 | 433 835.06 | 34.33 | 54.23 |
| 安　徽 | 81 305.11 | 45.46 | 44.60 |
| 福　建 | 189 597.85 | 41.81 | 49.73 |
| 江　西 | 39 316.95 | 45.85 | 43.52 |
| 山　东 | 230 687.02 | 47.79 | 41.93 |
| 河　南 | 69 992.34 | 41.51 | 44.73 |
| 湖　北 | 83 440.99 | 51.27 | 42.24 |
| 湖　南 | 198 270.73 | 32.29 | 48.83 |
| 广　东 | 1 014 097.85 | 42.68 | 41.61 |
| 广　西 | 93 085.25 | 43.00 | 44.78 |
| 海　南 | 217 895.34 | 56.84 | 34.93 |
| 重　庆 | 138 286.42 | 41.92 | 45.23 |
| 四　川 | 186 859.80 | 49.41 | 37.20 |
| 贵　州 | 24 666.99 | 55.10 | 37.93 |
| 云　南 | 75 266.68 | 54.08 | 37.98 |
| 西　藏 | 0.00 | 0.00 | 0.00 |
| 陕　西 | 89 081.16 | 52.49 | 42.92 |
| 甘　肃 | 13 263.20 | 49.37 | 38.90 |
| 青　海 | 6 246.75 | 62.42 | 28.69 |
| 宁　夏 | 7 680.50 | 55.52 | 29.85 |
| 新　疆 | 106 646.87 | 34.39 | 45.91 |

# 6－6 全国五星级饭店每间客房的收益

| 地　区 | 饭店数（家） | 饭店规模 | | 客房出租率（%） | 每间客房年收入（万元） |
|---|---|---|---|---|---|
| | | 客房数（间） | 床位数（张） | | |
| **总　计** | **545** | **200 110** | **302 792** | **60.40** | **31.34** |
| 北　京 | 58 | 29 708 | 46 210 | 58.87 | 35.55 |
| 天　津 | 10 | 3 058 | 4 499 | 42.90 | 20.63 |
| 河　北 | 4 | 1 139 | 1 663 | 45.18 | 22.23 |
| 山　西 | 9 | 1 734 | 2 708 | 57.99 | 21.97 |
| 内蒙古 | 7 | 2 738 | 4 333 | 62.70 | 27.06 |
| 辽　宁 | 16 | 5 929 | 8 109 | 57.39 | 26.51 |
| 吉　林 | 7 | 2 076 | 3 209 | 61.43 | 26.49 |
| 黑龙江 | 4 | 1 075 | 1 560 | 66.47 | 33.57 |
| 上　海 | 43 | 19 011 | 26 071 | 67.96 | 50.93 |
| 江　苏 | 58 | 18 313 | 27 136 | 60.09 | 27.22 |
| 浙　江 | 38 | 11 950 | 18 604 | 59.86 | 36.30 |
| 安　徽 | 14 | 4 627 | 7 550 | 56.69 | 17.57 |
| 福　建 | 20 | 6 219 | 9 331 | 63.70 | 30.49 |
| 江　西 | 7 | 1 913 | 2 903 | 68.15 | 20.55 |
| 山　东 | 24 | 8 268 | 12 463 | 64.86 | 27.90 |
| 河　南 | 10 | 2 642 | 4 114 | 57.91 | 26.49 |
| 湖　北 | 11 | 3 519 | 4 850 | 68.26 | 23.71 |
| 湖　南 | 15 | 5 814 | 8 902 | 66.23 | 34.10 |
| 广　东 | 84 | 33 383 | 49 738 | 58.44 | 30.38 |
| 广　西 | 13 | 4 635 | 7 930 | 58.34 | 20.08 |
| 海　南 | 19 | 7 404 | 12 027 | 57.73 | 29.43 |
| 重　庆 | 15 | 5 391 | 8 115 | 63.34 | 25.65 |
| 四　川 | 16 | 5 624 | 8 941 | 59.52 | 33.23 |
| 贵　州 | 4 | 1 010 | 1 614 | 66.12 | 24.42 |
| 云　南 | 11 | 3 938 | 6 314 | 59.74 | 19.11 |
| 西　藏 | 0 | 0 | 0 | 0.00 | 0.00 |
| 陕　西 | 8 | 3 715 | 5 823 | 61.59 | 23.98 |
| 甘　肃 | 3 | 666 | 1 101 | 57.07 | 19.91 |
| 青　海 | 1 | 316 | 438 | 38.63 | 19.77 |
| 宁　夏 | 1 | 482 | 587 | 39.12 | 15.93 |
| 新　疆 | 15 | 3 813 | 5 949 | 55.98 | 27.97 |

# 6-7 全国五星级饭店的人均效益

| 地 区 | 全员劳动（万元/人） | 人均实现营业税金（万元/人） | 人均实现利 润（万元/人） | 人均占用固定资产原值（万元/人） | 年末从业人 员（人） |
|---|---|---|---|---|---|
| **合 计** | **21.97** | **1.16** | **2.11** | **52.68** | **285 390** |
| 北 京 | 28.66 | 1.45 | 2.52 | 77.39 | 36 857 |
| 天 津 | 14.76 | 0.81 | -1.16 | 12.47 | 4 272 |
| 河 北 | 11.75 | 0.65 | -5.93 | 93.95 | 2 155 |
| 山 西 | 11.02 | 0.56 | -0.83 | 19.99 | 3 456 |
| 内蒙古 | 17.24 | 0.93 | 0.26 | 40.76 | 4 298 |
| 辽 宁 | 20.89 | 1.00 | 0.91 | 61.20 | 7 525 |
| 吉 林 | 17.16 | 0.83 | -0.35 | 60.45 | 3 205 |
| 黑龙江 | 25.39 | 1.39 | 5.64 | 35.76 | 1 421 |
| 上 海 | 38.23 | 2.00 | 8.33 | 74.88 | 25 326 |
| 江 苏 | 20.52 | 1.10 | 0.26 | 43.90 | 24 288 |
| 浙 江 | 22.81 | 1.23 | 2.88 | 48.92 | 19 021 |
| 安 徽 | 13.93 | 0.78 | 0.54 | 35.14 | 5 837 |
| 福 建 | 18.97 | 1.03 | 1.59 | 33.41 | 9 997 |
| 江 西 | 13.36 | 0.72 | 0.76 | 37.16 | 2 942 |
| 山 东 | 18.05 | 0.92 | 0.53 | 53.91 | 12 782 |
| 河 南 | 12.96 | 0.67 | -0.18 | 26.61 | 5 399 |
| 湖 北 | 17.91 | 0.94 | 2.30 | 53.98 | 4 659 |
| 湖 南 | 20.33 | 1.01 | 0.73 | 49.82 | 9 751 |
| 广 东 | 20.56 | 1.16 | 1.88 | 42.50 | 49 330 |
| 广 西 | 14.57 | 0.74 | 0.01 | 51.74 | 6 389 |
| 海 南 | 22.77 | 1.19 | 5.62 | 55.44 | 9 569 |
| 重 庆 | 17.02 | 0.88 | 1.04 | 38.15 | 8 127 |
| 四 川 | 21.92 | 1.21 | 2.38 | 60.56 | 8 524 |
| 贵 州 | 15.10 | 0.81 | 1.71 | 17.16 | 1 634 |
| 云 南 | 14.85 | 0.86 | 2.34 | 49.52 | 5 067 |
| 西 藏 | 0.00 | 0.00 | 0.00 | 0.00 | 0 |
| 陕 西 | 20.25 | 1.04 | 1.75 | 69.50 | 4 398 |
| 甘 肃 | 12.21 | 0.63 | -0.33 | 47.28 | 1 086 |
| 青 海 | 11.00 | 0.66 | 0.33 | 26.02 | 568 |
| 宁 夏 | 17.14 | 0.00 | 0.03 | 154.62 | 448 |
| 新 疆 | 15.11 | 0.91 | 0.21 | 51.28 | 7 059 |

# 七、全国四星级饭店综合资料

# 7－1 全国四星级饭店

| 饭店注册登记类型 | 饭店数<br>（家） | 房间数<br>（间） | 床位数<br>（张） |
|---|---|---|---|
| **合计** | **2 002** | **405 035** | **677 417** |
| 国有企业 | 717 | 146 904 | 249 719 |
| 集体企业 | 48 | 8 393 | 14 240 |
| 股份合作企业 | 53 | 9 047 | 15 969 |
| 国有联营 | 2 | 395 | 641 |
| 集体联营 | 2 | 310 | 486 |
| 国有与集体联营 | 1 | 151 | 290 |
| 其他联营 | 0 | 0 | 0 |
| 国有独资公司 | 105 | 21 980 | 34 682 |
| 其他有限责任公司 | 281 | 59 118 | 98 206 |
| 股份有限公司 | 124 | 25 246 | 43 260 |
| 私营独资 | 105 | 17 345 | 29 042 |
| 私营合伙 | 38 | 7 342 | 11 154 |
| 私营有限责任公司 | 250 | 45 491 | 76 707 |
| 私营股份有限公司 | 38 | 7 835 | 13 770 |
| 其他 | 67 | 13 428 | 22 152 |
| 与港澳台商合资经营 | 47 | 12 487 | 19 580 |
| 与港澳台商合作经营 | 9 | 3 108 | 5 042 |
| 港澳台商独资 | 30 | 6 885 | 11 401 |
| 港澳台商投资股份有限公司 | 8 | 1 420 | 2 203 |
| 中外合资经营 | 44 | 10 711 | 16 614 |
| 中外合作经营 | 13 | 3 691 | 6 332 |
| 外资企业 | 18 | 3 219 | 5 145 |
| 外商投资股份有限公司 | 2 | 529 | 782 |

## 综合情况

| 客　房<br>出租率<br>(%) | 营业收入<br><br>(万元) | 营业税金<br><br>(万元) | 固定资产<br>原　　值<br>(万元) |
|---|---|---|---|
| **61.79** | **7 263 526.94** | **373 237.19** | **15 359 683.13** |
| 62.40 | 2 904 939.00 | 135 242.81 | 6 559 609.95 |
| 61.13 | 158 737.43 | 9 223.17 | 388 305.15 |
| 61.23 | 144 426.45 | 7 718.47 | 298 264.91 |
| 54.79 | 6 198.34 | 346.87 | 12 040.80 |
| 44.33 | 3 239.50 | 179.90 | 6 956.60 |
| 43.16 | 3 112.82 | 172.92 | 22 919.68 |
| 0.00 | 0.00 | 0.00 | 0.00 |
| 66.53 | 465 180.38 | 25 210.91 | 826 010.97 |
| 59.93 | 940 557.61 | 52 412.64 | 1 893 069.97 |
| 61.30 | 417 046.78 | 22 542.30 | 805 382.82 |
| 59.03 | 236 768.53 | 14 003.70 | 375 005.88 |
| 58.58 | 144 162.43 | 8 548.76 | 210 464.24 |
| 61.33 | 688 819.41 | 38 299.09 | 1 187 577.54 |
| 60.62 | 94 488.64 | 5 194.63 | 183 867.64 |
| 61.56 | 242 637.46 | 13 015.66 | 545 402.08 |
| 62.40 | 246 275.93 | 12 548.58 | 590 777.40 |
| 69.34 | 65 605.42 | 3 289.21 | 205 721.94 |
| 62.70 | 118 591.53 | 6 029.88 | 281 934.98 |
| 60.92 | 34 071.74 | 1 817.62 | 48 035.40 |
| 63.42 | 220 205.58 | 11 078.32 | 565 077.48 |
| 62.49 | 65 098.26 | 3 218.17 | 214 655.46 |
| 59.16 | 41 290.71 | 2 012.58 | 114 813.25 |
| 73.73 | 22 070.00 | 1 131.00 | 23 789.00 |

# 7－2　全国四星级饭店

| 地区 | 总计 | 国有企业 | 集体企业 | 股份合作企业 | 国有联营 | 集体联营 | 国有与集体联营 | 其他联营 | 国有独资公司 | 其他有限责任公司 | 股份有限公司 | 私营独资 |
|---|---|---|---|---|---|---|---|---|---|---|---|---|
| **合　计** | **2 002** | **717** | **48** | **53** | **2** | **2** | **1** | **0** | **105** | **281** | **124** | **105** |
| 北　京 | 123 | 33 | 4 | 1 | 0 | 0 | 0 | 0 | 4 | 49 | 5 | 0 |
| 天　津 | 29 | 7 | 1 | 0 | 0 | 0 | 0 | 0 | 0 | 13 | 2 | 3 |
| 河　北 | 51 | 20 | 1 | 0 | 1 | 0 | 0 | 0 | 0 | 12 | 1 | 4 |
| 山　西 | 46 | 15 | 2 | 3 | 0 | 0 | 0 | 0 | 0 | 9 | 2 | 6 |
| 内蒙古 | 16 | 6 | 0 | 0 | 0 | 0 | 0 | 0 | 1 | 6 | 0 | 0 |
| 辽　宁 | 68 | 23 | 0 | 0 | 0 | 0 | 0 | 0 | 0 | 7 | 1 | 3 |
| 吉　林 | 40 | 16 | 1 | 0 | 0 | 1 | 0 | 0 | 0 | 3 | 0 | 7 |
| 黑龙江 | 48 | 27 | 1 | 4 | 0 | 0 | 0 | 0 | 0 | 6 | 2 | 6 |
| 上　海 | 62 | 23 | 2 | 1 | 1 | 0 | 1 | 0 | 12 | 4 | 5 | 0 |
| 江　苏 | 182 | 39 | 6 | 4 | 0 | 0 | 0 | 0 | 83 | 0 | 9 | 25 |
| 浙　江 | 146 | 29 | 13 | 10 | 0 | 0 | 0 | 0 | 0 | 0 | 20 | 2 |
| 安　徽 | 83 | 31 | 2 | 6 | 0 | 0 | 0 | 0 | 0 | 12 | 11 | 5 |
| 福　建 | 93 | 34 | 1 | 2 | 0 | 0 | 0 | 0 | 0 | 7 | 1 | 7 |
| 江　西 | 56 | 23 | 0 | 2 | 0 | 0 | 0 | 0 | 0 | 12 | 1 | 2 |
| 山　东 | 150 | 68 | 3 | 2 | 0 | 1 | 0 | 0 | 0 | 22 | 22 | 2 |
| 河　南 | 57 | 28 | 1 | 2 | 0 | 0 | 0 | 0 | 0 | 8 | 4 | 2 |
| 湖　北 | 61 | 26 | 0 | 0 | 0 | 0 | 0 | 0 | 0 | 7 | 3 | 6 |
| 湖　南 | 48 | 27 | 1 | 0 | 0 | 0 | 0 | 0 | 0 | 3 | 3 | 1 |
| 广　东 | 177 | 28 | 3 | 1 | 0 | 0 | 0 | 0 | 5 | 33 | 9 | 9 |
| 广　西 | 49 | 13 | 0 | 1 | 0 | 0 | 0 | 0 | 0 | 3 | 5 | 1 |
| 海　南 | 50 | 12 | 0 | 6 | 0 | 0 | 0 | 0 | 0 | 15 | 4 | 1 |
| 重　庆 | 53 | 19 | 2 | 0 | 0 | 0 | 0 | 0 | 0 | 8 | 1 | 4 |
| 四　川 | 67 | 52 | 0 | 3 | 0 | 0 | 0 | 0 | 0 | 3 | 2 | 0 |
| 贵　州 | 31 | 9 | 0 | 1 | 0 | 0 | 0 | 0 | 0 | 9 | 1 | 2 |
| 云　南 | 54 | 28 | 2 | 2 | 0 | 0 | 0 | 0 | 0 | 5 | 3 | 2 |
| 西　藏 | 10 | 6 | 0 | 1 | 0 | 0 | 0 | 0 | 0 | 1 | 2 | 0 |
| 陕　西 | 37 | 19 | 0 | 0 | 0 | 0 | 0 | 0 | 0 | 11 | 0 | 1 |
| 甘　肃 | 37 | 22 | 1 | 0 | 0 | 0 | 0 | 0 | 0 | 2 | 0 | 1 |
| 青　海 | 12 | 5 | 1 | 0 | 0 | 0 | 0 | 0 | 0 | 3 | 1 | 0 |
| 宁　夏 | 10 | 2 | 0 | 0 | 0 | 0 | 0 | 0 | 0 | 2 | 1 | 0 |
| 新　疆 | 56 | 27 | 0 | 1 | 0 | 0 | 0 | 0 | 0 | 6 | 3 | 3 |

# 的注册登记类型

单位:家

| 私营合伙 | 私营有限责任公司 | 私营股份有限公司 | 其他 | 与港澳台商合资经营 | 与港澳台商合作经营 | 港澳台商独资 | 港澳台商投资股份有限公司 | 中外合资经营 | 中外合作经营 | 外资企业 | 外商投资股份有限公司 |
|---|---|---|---|---|---|---|---|---|---|---|---|
| **38** | **250** | **38** | **67** | **47** | **9** | **30** | **8** | **44** | **13** | **18** | **2** |
| 0 | 7 | 0 | 0 | 11 | 0 | 1 | 0 | 7 | 1 | 0 | 0 |
| 0 | 0 | 0 | 1 | 0 | 0 | 0 | 0 | 0 | 1 | 1 | 0 |
| 2 | 6 | 0 | 1 | 3 | 0 | 0 | 0 | 0 | 0 | 0 | 0 |
| 0 | 7 | 0 | 1 | 1 | 0 | 0 | 0 | 0 | 0 | 0 | 0 |
| 1 | 2 | 0 | 0 | 0 | 0 | 0 | 0 | 0 | 0 | 0 | 0 |
| 0 | 13 | 1 | 3 | 4 | 2 | 3 | 0 | 6 | 1 | 1 | 0 |
| 0 | 2 | 4 | 4 | 2 | 0 | 0 | 0 | 0 | 0 | 0 | 0 |
| 0 | 1 | 1 | 0 | 0 | 0 | 0 | 0 | 0 | 0 | 0 | 0 |
| 0 | 1 | 0 | 2 | 6 | 0 | 1 | 0 | 2 | 1 | 0 | 0 |
| 0 | 0 | 0 | 1 | 2 | 0 | 4 | 0 | 7 | 1 | 1 | 0 |
| 8 | 49 | 1 | 7 | 0 | 0 | 0 | 5 | 0 | 0 | 0 | 2 |
| 0 | 10 | 0 | 3 | 1 | 0 | 0 | 0 | 1 | 0 | 1 | 0 |
| 7 | 13 | 3 | 1 | 2 | 0 | 7 | 1 | 2 | 2 | 3 | 0 |
| 0 | 5 | 3 | 2 | 0 | 0 | 1 | 0 | 3 | 0 | 2 | 0 |
| 0 | 18 | 5 | 1 | 2 | 0 | 1 | 0 | 2 | 0 | 1 | 0 |
| 1 | 2 | 2 | 1 | 0 | 0 | 1 | 0 | 4 | 1 | 0 | 0 |
| 1 | 12 | 1 | 0 | 1 | 1 | 1 | 0 | 0 | 0 | 2 | 0 |
| 0 | 6 | 4 | 0 | 2 | 0 | 0 | 0 | 0 | 0 | 1 | 0 |
| 12 | 20 | 2 | 28 | 4 | 5 | 7 | 2 | 4 | 3 | 2 | 0 |
| 1 | 18 | 1 | 1 | 1 | 0 | 1 | 0 | 1 | 1 | 1 | 0 |
| 1 | 6 | 1 | 0 | 2 | 0 | 0 | 0 | 2 | 0 | 0 | 0 |
| 0 | 14 | 2 | 3 | 0 | 0 | 0 | 0 | 0 | 0 | 0 | 0 |
| 1 | 5 | 1 | 0 | 0 | 0 | 0 | 0 | 0 | 0 | 0 | 0 |
| 0 | 4 | 3 | 1 | 0 | 0 | 0 | 0 | 1 | 0 | 0 | 0 |
| 0 | 7 | 1 | 2 | 0 | 0 | 1 | 0 | 0 | 0 | 1 | 0 |
| 0 | 0 | 0 | 0 | 0 | 0 | 0 | 0 | 0 | 0 | 0 | 0 |
| 1 | 2 | 0 | 1 | 1 | 1 | 0 | 0 | 0 | 0 | 0 | 0 |
| 0 | 7 | 2 | 0 | 0 | 0 | 1 | 0 | 1 | 0 | 0 | 0 |
| 0 | 1 | 0 | 0 | 1 | 0 | 0 | 0 | 0 | 0 | 0 | 0 |
| 0 | 3 | 0 | 0 | 0 | 0 | 0 | 0 | 0 | 1 | 1 | 0 |
| 2 | 9 | 0 | 3 | 1 | 0 | 0 | 0 | 1 | 0 | 0 | 0 |

# 7-3 全国四星级饭店的地区分布

| 地　区 | 饭店数（家） | 房间数（间） | 床位数（张） | 客　房出租率（%） | 营业收入（万元） | 营业税金（万元） | 固定资产原　值（万元） |
|---|---|---|---|---|---|---|---|
| **合　计** | **2 002** | **405 035** | **677 417** | **61.79** | **7 263 526.94** | **373 237.19** | **15 359 683.13** |
| 北　京 | 123 | 35 798 | 59 141 | 58.66 | 756 407.40 | 40 227.00 | 2 044 437.80 |
| 天　津 | 29 | 5 947 | 9 841 | 51.43 | 90 538.12 | 4 805.66 | 177 620.11 |
| 河　北 | 51 | 8 251 | 14 819 | 60.25 | 128 669.54 | 7 490.95 | 340 549.22 |
| 山　西 | 46 | 6 997 | 12 297 | 56.43 | 113 531.32 | 6 264.91 | 247 908.90 |
| 内蒙古 | 16 | 3 069 | 4 834 | 60.30 | 51 456.32 | 2 708.36 | 128 247.88 |
| 辽　宁 | 68 | 13 736 | 21 667 | 62.22 | 228 098.38 | 12 815.17 | 762 253.55 |
| 吉　林 | 40 | 6 177 | 10 604 | 57.91 | 109 707.46 | 5 424.36 | 316 675.20 |
| 黑龙江 | 48 | 7 788 | 13 542 | 49.76 | 81 846.07 | 4 464.58 | 300 151.34 |
| 上　海 | 62 | 20 202 | 30 136 | 66.14 | 550 348.95 | 28 594.00 | 976 823.23 |
| 江　苏 | 182 | 33 505 | 54 623 | 62.02 | 642 498.52 | 34 007.99 | 1 184 778.77 |
| 浙　江 | 146 | 30 155 | 49 897 | 65.94 | 1 104 757.85 | 41 751.41 | 1 116 285.71 |
| 安　徽 | 83 | 13 939 | 24 769 | 61.00 | 196 265.44 | 10 546.37 | 438 334.77 |
| 福　建 | 93 | 17 456 | 28 802 | 64.22 | 297 294.13 | 16 665.98 | 484 902.71 |
| 江　西 | 56 | 9 581 | 16 848 | 59.94 | 93 884.71 | 5 163.38 | 206 412.74 |
| 山　东 | 150 | 27 827 | 45 940 | 65.86 | 519 915.94 | 26 328.78 | 1 180 785.57 |
| 河　南 | 57 | 11 121 | 18 558 | 63.28 | 154 983.50 | 8 483.32 | 304 624.17 |
| 湖　北 | 61 | 11 141 | 19 255 | 61.98 | 136 707.73 | 7 136.91 | 297 201.66 |
| 湖　南 | 48 | 11 224 | 19 067 | 74.72 | 181 170.10 | 9 311.02 | 451 036.56 |
| 广　东 | 177 | 39 446 | 64 199 | 60.21 | 726 582.98 | 41 885.85 | 1 408 122.72 |
| 广　西 | 49 | 10 302 | 17 602 | 63.35 | 127 096.22 | 6 566.40 | 290 352.68 |
| 海　南 | 50 | 11 628 | 21 358 | 63.83 | 92 955.75 | 5 092.19 | 338 734.78 |
| 重　庆 | 53 | 9 009 | 14 472 | 64.30 | 126 348.02 | 6 815.48 | 216 530.69 |
| 四　川 | 67 | 12 938 | 21 301 | 68.03 | 192 921.12 | 10 673.38 | 511 967.86 |
| 贵　州 | 31 | 5 188 | 8 435 | 64.20 | 63 068.12 | 3 423.62 | 109 686.06 |
| 云　南 | 54 | 10 845 | 18 882 | 57.63 | 127 738.25 | 6 799.36 | 458 263.61 |
| 西　藏 | 10 | 2 294 | 4 078 | 28.91 | 16 357.24 | 842.92 | 91 257.37 |
| 陕　西 | 37 | 9 619 | 16 817 | 59.51 | 137 915.82 | 7 523.18 | 361 230.60 |
| 甘　肃 | 37 | 6 145 | 11 096 | 56.09 | 60 774.81 | 3 329.48 | 168 587.58 |
| 青　海 | 12 | 1 997 | 3 639 | 45.57 | 30 737.68 | 1 618.95 | 61 541.57 |
| 宁　夏 | 10 | 1 625 | 2 690 | 54.79 | 18 608.20 | 1 017.90 | 59 123.50 |
| 新　疆 | 56 | 10 085 | 18 208 | 59.56 | 104 341.24 | 5 458.34 | 325 254.26 |

# 7-4 全国四星级饭店的营业收入总额

单位:万元

| 地区 | 营业收入 | | |
|---|---|---|---|
| | | #客房 | #餐饮 |
| **合计** | **7 263 526.94** | **2 946 574.64** | **3 006 749.71** |
| 北京 | 756 407.40 | 334 772.50 | 244 695.50 |
| 天津 | 90 538.12 | 38 277.25 | 33 961.51 |
| 河北 | 128 669.54 | 49 858.10 | 61 219.62 |
| 山西 | 113 531.32 | 42 637.32 | 58 865.87 |
| 内蒙古 | 51 456.32 | 22 569.13 | 27 150.78 |
| 辽宁 | 228 098.38 | 89 114.13 | 104 587.15 |
| 吉林 | 109 707.46 | 46 263.17 | 55 537.80 |
| 黑龙江 | 81 846.07 | 40 547.94 | 34 549.94 |
| 上海 | 550 348.95 | 289 027.09 | 172 838.54 |
| 江苏 | 642 498.52 | 222 295.13 | 339 452.86 |
| 浙江 | 1 104 757.85 | 250 816.88 | 378 481.77 |
| 安徽 | 196 265.44 | 89 274.62 | 90 794.22 |
| 福建 | 297 294.13 | 123 597.00 | 149 476.57 |
| 江西 | 93 884.71 | 50 664.74 | 34 880.49 |
| 山东 | 519 915.94 | 224 807.26 | 244 970.73 |
| 河南 | 154 983.50 | 64 700.30 | 65 606.21 |
| 湖北 | 136 707.73 | 70 021.44 | 51 963.93 |
| 湖南 | 181 170.10 | 81 494.04 | 77 220.63 |
| 广东 | 726 582.98 | 296 913.49 | 326 641.63 |
| 广西 | 127 096.22 | 54 857.43 | 55 574.39 |
| 海南 | 92 955.75 | 58 411.67 | 28 265.61 |
| 重庆 | 126 348.02 | 53 200.98 | 62 174.35 |
| 四川 | 192 921.12 | 95 391.20 | 70 024.90 |
| 贵州 | 63 068.12 | 31 518.82 | 26 528.27 |
| 云南 | 127 738.25 | 55 368.31 | 45 238.68 |
| 西藏 | 16 357.24 | 8 597.67 | 5 332.04 |
| 陕西 | 137 915.82 | 59 776.55 | 65 666.21 |
| 甘肃 | 60 774.81 | 31 068.40 | 21 744.84 |
| 青海 | 30 737.68 | 14 250.27 | 12 460.83 |
| 宁夏 | 18 608.20 | 8 936.50 | 9 222.90 |
| 新疆 | 104 341.24 | 47 545.32 | 51 620.92 |

# 7-5 全国四星级饭店的营业收入构成

| 地　区 | 营业收入（万元） | | |
|---|---|---|---|
| | | #客房(%) | #餐饮(%) |
| **合　计** | **7 263 526.94** | **40.57** | **41.40** |
| 北　京 | 756 407.40 | 44.26 | 32.35 |
| 天　津 | 90 538.12 | 42.28 | 37.51 |
| 河　北 | 128 669.54 | 38.75 | 47.58 |
| 山　西 | 113 531.32 | 37.56 | 51.85 |
| 内蒙古 | 51 456.32 | 43.86 | 52.76 |
| 辽　宁 | 228 098.38 | 39.07 | 45.85 |
| 吉　林 | 109 707.46 | 42.17 | 50.62 |
| 黑龙江 | 81 846.07 | 49.54 | 42.21 |
| 上　海 | 550 348.95 | 52.52 | 31.41 |
| 江　苏 | 642 498.52 | 34.60 | 52.83 |
| 浙　江 | 1 104 757.85 | 22.70 | 34.26 |
| 安　徽 | 196 265.44 | 45.49 | 46.26 |
| 福　建 | 297 294.13 | 41.57 | 50.28 |
| 江　西 | 93 884.71 | 53.96 | 37.15 |
| 山　东 | 519 915.94 | 43.24 | 47.12 |
| 河　南 | 154 983.50 | 41.75 | 42.33 |
| 湖　北 | 136 707.73 | 51.22 | 38.01 |
| 湖　南 | 181 170.10 | 44.98 | 42.62 |
| 广　东 | 726 582.98 | 40.86 | 44.96 |
| 广　西 | 127 096.22 | 43.16 | 43.73 |
| 海　南 | 92 955.75 | 62.84 | 30.41 |
| 重　庆 | 126 348.02 | 42.11 | 49.21 |
| 四　川 | 192 921.12 | 49.45 | 36.30 |
| 贵　州 | 63 068.12 | 49.98 | 42.06 |
| 云　南 | 127 738.25 | 43.35 | 35.42 |
| 西　藏 | 16 357.24 | 52.56 | 32.60 |
| 陕　西 | 137 915.82 | 43.34 | 47.61 |
| 甘　肃 | 60 774.81 | 51.12 | 35.78 |
| 青　海 | 30 737.68 | 46.36 | 40.54 |
| 宁　夏 | 18 608.20 | 48.02 | 49.56 |
| 新　疆 | 104 341.24 | 45.57 | 49.47 |

# 7－6 全国四星级饭店每间客房的收益

| 地　区 | 饭店数（家） | 饭店规模 |  | 客房出租率（%） | 每间客房年收入（万元） |
|---|---|---|---|---|---|
|  |  | 客房数（间） | 床位数（张） |  |  |
| **合　计** | **2 002** | **405 035** | **677 417** | **61.79** | **17.93** |
| 北　京 | 123 | 35 798 | 59 141 | 58.66 | 21.13 |
| 天　津 | 29 | 5 947 | 9 841 | 51.43 | 15.22 |
| 河　北 | 51 | 8 251 | 14 819 | 60.25 | 15.59 |
| 山　西 | 46 | 6 997 | 12 297 | 56.43 | 16.23 |
| 内蒙古 | 16 | 3 069 | 4 834 | 60.30 | 16.77 |
| 辽　宁 | 68 | 13 736 | 21 667 | 62.22 | 16.61 |
| 吉　林 | 40 | 6 177 | 10 604 | 57.91 | 17.76 |
| 黑龙江 | 48 | 7 788 | 13 542 | 49.76 | 10.51 |
| 上　海 | 62 | 20 202 | 30 136 | 66.14 | 27.24 |
| 江　苏 | 182 | 33 505 | 54 623 | 62.02 | 19.18 |
| 浙　江 | 146 | 30 155 | 49 897 | 65.94 | 36.64 |
| 安　徽 | 83 | 13 939 | 24 769 | 61.00 | 14.08 |
| 福　建 | 93 | 17 456 | 28 802 | 64.22 | 17.03 |
| 江　西 | 56 | 9 581 | 16 848 | 59.94 | 9.80 |
| 山　东 | 150 | 27 827 | 45 940 | 65.86 | 18.68 |
| 河　南 | 57 | 11 121 | 18 558 | 63.28 | 13.94 |
| 湖　北 | 61 | 11 141 | 19 255 | 61.98 | 12.27 |
| 湖　南 | 48 | 11 224 | 19 067 | 74.72 | 16.14 |
| 广　东 | 177 | 39 446 | 64 199 | 60.21 | 18.42 |
| 广　西 | 49 | 10 302 | 17 602 | 63.35 | 12.34 |
| 海　南 | 50 | 11 628 | 21 358 | 63.83 | 7.99 |
| 重　庆 | 53 | 9 009 | 14 472 | 64.30 | 14.02 |
| 四　川 | 67 | 12 938 | 21 301 | 68.03 | 14.91 |
| 贵　州 | 31 | 5 188 | 8 435 | 64.20 | 12.16 |
| 云　南 | 54 | 10 845 | 18 882 | 57.63 | 11.78 |
| 西　藏 | 10 | 2 294 | 4 078 | 28.91 | 7.13 |
| 陕　西 | 37 | 9 619 | 16 817 | 59.51 | 14.34 |
| 甘　肃 | 37 | 6 145 | 11 096 | 56.09 | 9.89 |
| 青　海 | 12 | 1 997 | 3 639 | 45.57 | 15.39 |
| 宁　夏 | 10 | 1 625 | 2 690 | 54.79 | 11.45 |
| 新　疆 | 56 | 10 085 | 18 208 | 59.56 | 10.35 |

# 7-7 全国四星级饭店的人均效益

| 地区 | 全员劳动（万元/人） | 人均实现营业税金（万元/人） | 人均实现利润（万元/人） | 人均占用固定资产原值（万元/人） | 年末从业人员（人） |
|---|---|---|---|---|---|
| 合计 | **14.11** | **0.73** | **0.03** | **29.84** | **514 677** |
| 北京 | 18.91 | 1.01 | 0.20 | 51.10 | 40 009 |
| 天津 | 14.50 | 0.77 | -0.96 | 28.45 | 6 243 |
| 河北 | 10.04 | 0.58 | -0.67 | 26.56 | 12 821 |
| 山西 | 8.97 | 0.49 | -0.85 | 19.59 | 12 658 |
| 内蒙古 | 12.00 | 0.63 | -0.90 | 29.92 | 4 287 |
| 辽宁 | 14.22 | 0.80 | -1.98 | 47.52 | 16 042 |
| 吉林 | 11.48 | 0.57 | -1.11 | 33.15 | 9 553 |
| 黑龙江 | 9.53 | 0.52 | -0.61 | 34.95 | 8 587 |
| 上海 | 25.31 | 1.32 | 2.54 | 44.93 | 21 742 |
| 江苏 | 15.20 | 0.80 | -0.37 | 28.03 | 42 266 |
| 浙江 | 26.54 | 1.00 | 1.75 | 26.82 | 41 624 |
| 安徽 | 11.73 | 0.63 | 0.44 | 26.19 | 16 738 |
| 福建 | 12.04 | 0.67 | 0.49 | 19.63 | 24 702 |
| 江西 | 9.52 | 0.52 | -0.53 | 20.92 | 9 865 |
| 山东 | 12.57 | 0.64 | -0.02 | 28.55 | 41 353 |
| 河南 | 10.42 | 0.57 | -0.85 | 20.48 | 14 873 |
| 湖北 | 9.66 | 0.50 | -0.22 | 21.00 | 14 151 |
| 湖南 | 12.18 | 0.63 | 0.29 | 30.32 | 14 877 |
| 广东 | 12.86 | 0.74 | 0.18 | 24.92 | 56 503 |
| 广西 | 10.48 | 0.54 | -0.56 | 23.93 | 12 131 |
| 海南 | 10.48 | 0.57 | 0.11 | 38.19 | 8 869 |
| 重庆 | 10.03 | 0.54 | -0.17 | 17.19 | 12 595 |
| 四川 | 11.32 | 0.63 | 0.00 | 30.05 | 17 037 |
| 贵州 | 9.62 | 0.52 | 0.25 | 16.73 | 6 558 |
| 云南 | 10.76 | 0.57 | -0.25 | 38.60 | 11 871 |
| 西藏 | 9.81 | 0.51 | -0.04 | 54.71 | 1 668 |
| 陕西 | 10.65 | 0.58 | -0.97 | 27.89 | 12 953 |
| 甘肃 | 8.46 | 0.46 | -0.47 | 23.48 | 7 180 |
| 青海 | 9.71 | 0.51 | -0.06 | 19.45 | 3 164 |
| 宁夏 | 8.91 | 0.49 | -1.36 | 28.30 | 2 089 |
| 新疆 | 10.79 | 0.56 | -1.19 | 33.64 | 9 668 |

# 八、全国三星级饭店综合资料

# 8－1　全国三星级饭店

| 饭店注册登记类型 | 饭店数（家） | 房间数（间） | 床位数（张） |
| --- | --- | --- | --- |
| **合计** | **5 384** | **613 936** | **1 103 361** |
| 国有企业 | 1 909 | 230 504 | 423 150 |
| 集体企业 | 222 | 25 379 | 46 507 |
| 股份合作企业 | 107 | 11 803 | 21 424 |
| 国有联营 | 5 | 605 | 1 176 |
| 集体联营 | 10 | 962 | 1 609 |
| 国有与集体联营 | 3 | 510 | 915 |
| 其他联营 | 2 | 232 | 383 |
| 国有独资公司 | 168 | 19 943 | 34 850 |
| 其他有限责任公司 | 594 | 70 687 | 125 277 |
| 股份有限公司 | 289 | 34 664 | 60 816 |
| 私营独资 | 622 | 56 126 | 101 954 |
| 私营合伙 | 143 | 14 364 | 23 780 |
| 私营有限责任公司 | 760 | 84 663 | 151 269 |
| 私营股份有限公司 | 73 | 7 998 | 14 500 |
| 其他 | 293 | 29 305 | 50 974 |
| 与港澳台商合资经营 | 49 | 7 517 | 13 052 |
| 与港澳台商合作经营 | 13 | 1 917 | 2 967 |
| 港澳台商独资 | 26 | 3 214 | 5 352 |
| 港澳台商投资股份有限公司 | 9 | 1 439 | 2 483 |
| 中外合资经营 | 33 | 4 414 | 7 687 |
| 中外合作经营 | 17 | 2 561 | 4 423 |
| 外资企业 | 26 | 3 730 | 6 445 |
| 外商投资股份有限公司 | 11 | 1 399 | 2 368 |

# 综合情况

| 客房<br>出租率<br>（%） | 营业收入<br>（万元） | 营业税金<br>（万元） | 固定资产<br>原值<br>（万元） |
|---|---|---|---|
| **60.16** | **6 111 408.22** | **325 688.66** | **11 987 507.14** |
| 60.23 | 2 328 071.72 | 121 335.80 | 5 186 521.98 |
| 60.36 | 307 856.41 | 16 063.53 | 677 726.74 |
| 62.39 | 118 773.25 | 6 075.06 | 218 873.71 |
| 59.05 | 4 744.78 | 267.31 | 14 042.89 |
| 69.73 | 7 743.11 | 393.75 | 20 925.39 |
| 59.84 | 6 155.03 | 338.88 | 13 273.18 |
| 59.90 | 3 998.00 | 210.20 | 1 616.90 |
| 59.47 | 246 375.14 | 13 416.61 | 371 559.78 |
| 59.88 | 701 898.69 | 38 529.94 | 1 353 912.30 |
| 60.53 | 328 763.06 | 17 680.91 | 625 611.27 |
| 60.12 | 468 789.79 | 25 775.01 | 762 184.89 |
| 63.40 | 139 406.53 | 7 669.85 | 136 641.81 |
| 60.41 | 819 151.80 | 43 916.14 | 1 343 801.23 |
| 56.16 | 52 094.09 | 2 946.75 | 91 486.25 |
| 58.83 | 295 917.72 | 16 363.70 | 441 343.18 |
| 60.83 | 82 604.81 | 4 174.77 | 227 780.28 |
| 59.86 | 22 328.29 | 1 218.21 | 20 037.07 |
| 58.24 | 28 723.52 | 1 551.89 | 66 412.28 |
| 52.79 | 15 293.69 | 764.72 | 27 271.96 |
| 61.18 | 44 659.79 | 2 485.55 | 136 111.92 |
| 59.29 | 40 833.81 | 2 193.13 | 119 636.87 |
| 58.63 | 33 274.79 | 1 643.37 | 95 278.09 |
| 54.83 | 13 950.41 | 673.60 | 35 457.17 |

# 8-2 全国三星级饭店

| 地区 | 总计 | 国有企业 | 集体企业 | 股份合作企业 | 国有联营 | 集体联营 | 国有与集体联营 | 其他联营 | 国有独资公司 | 其他有限责任公司 | 股份有限公司 | 私营独资 |
|---|---|---|---|---|---|---|---|---|---|---|---|---|
| **合 计** | **5 384** | **1 909** | **222** | **107** | **5** | **10** | **3** | **2** | **168** | **594** | **289** | **622** |
| 北 京 | 246 | 91 | 21 | 5 | 0 | 0 | 0 | 1 | 7 | 75 | 5 | 4 |
| 天 津 | 45 | 18 | 3 | 1 | 0 | 0 | 0 | 0 | 0 | 12 | 1 | 4 |
| 河 北 | 89 | 44 | 8 | 1 | 0 | 0 | 0 | 0 | 0 | 8 | 2 | 9 |
| 山 西 | 104 | 44 | 4 | 2 | 0 | 0 | 0 | 0 | 0 | 8 | 15 | 7 |
| 内蒙古 | 79 | 25 | 4 | 0 | 0 | 0 | 0 | 0 | 0 | 14 | 7 | 12 |
| 辽 宁 | 222 | 98 | 7 | 0 | 0 | 2 | 0 | 0 | 1 | 20 | 6 | 30 |
| 吉 林 | 85 | 29 | 14 | 1 | 0 | 0 | 0 | 0 | 0 | 2 | 2 | 11 |
| 黑龙江 | 110 | 53 | 2 | 3 | 1 | 0 | 0 | 0 | 0 | 10 | 7 | 14 |
| 上 海 | 119 | 54 | 10 | 1 | 0 | 0 | 1 | 0 | 11 | 6 | 7 | 8 |
| 江 苏 | 325 | 65 | 9 | 6 | 1 | 0 | 0 | 0 | 130 | 0 | 24 | 80 |
| 浙 江 | 324 | 73 | 29 | 19 | 0 | 2 | 0 | 0 | 0 | 5 | 22 | 7 |
| 安 徽 | 166 | 59 | 3 | 7 | 0 | 0 | 1 | 0 | 1 | 19 | 9 | 27 |
| 福 建 | 182 | 68 | 4 | 1 | 0 | 0 | 0 | 1 | 0 | 17 | 5 | 11 |
| 江 西 | 173 | 74 | 2 | 2 | 0 | 0 | 0 | 0 | 0 | 12 | 13 | 28 |
| 山 东 | 475 | 202 | 23 | 10 | 0 | 3 | 0 | 0 | 0 | 61 | 30 | 35 |
| 河 南 | 192 | 74 | 11 | 3 | 0 | 0 | 0 | 0 | 0 | 29 | 16 | 21 |
| 湖 北 | 188 | 75 | 5 | 8 | 1 | 0 | 0 | 0 | 0 | 24 | 15 | 19 |
| 湖 南 | 192 | 64 | 2 | 9 | 0 | 0 | 0 | 0 | 0 | 13 | 11 | 33 |
| 广 东 | 568 | 85 | 20 | 5 | 0 | 1 | 0 | 0 | 16 | 83 | 26 | 43 |
| 广 西 | 199 | 62 | 3 | 2 | 0 | 0 | 0 | 0 | 0 | 17 | 9 | 41 |
| 海 南 | 87 | 35 | 1 | 0 | 2 | 1 | 0 | 0 | 0 | 14 | 1 | 12 |
| 重 庆 | 122 | 39 | 3 | 2 | 0 | 0 | 0 | 0 | 0 | 22 | 7 | 14 |
| 四 川 | 163 | 113 | 1 | 9 | 0 | 0 | 0 | 0 | 0 | 10 | 5 | 7 |
| 贵 州 | 132 | 42 | 1 | 1 | 0 | 0 | 0 | 0 | 1 | 11 | 5 | 30 |
| 云 南 | 156 | 50 | 8 | 2 | 0 | 0 | 1 | 0 | 1 | 17 | 7 | 29 |
| 西 藏 | 47 | 22 | 3 | 0 | 0 | 0 | 0 | 0 | 0 | 5 | 1 | 4 |
| 陕 西 | 148 | 71 | 4 | 0 | 0 | 0 | 0 | 0 | 0 | 29 | 7 | 9 |
| 甘 肃 | 134 | 50 | 9 | 1 | 0 | 0 | 0 | 0 | 0 | 16 | 15 | 22 |
| 青 海 | 46 | 14 | 3 | 1 | 0 | 0 | 0 | 0 | 0 | 8 | 1 | 11 |
| 宁 夏 | 39 | 12 | 0 | 0 | 0 | 0 | 0 | 0 | 0 | 7 | 3 | 4 |
| 新 疆 | 227 | 104 | 5 | 5 | 0 | 1 | 0 | 0 | 0 | 20 | 5 | 36 |

## 的注册登记类型

单位:家

| 私营合伙 | 私营有限责任公司 | 私营股份有限公司 | 其他 | 与港澳台商合资经营 | 与港澳台商合作经营 | 港澳台商独资 | 港澳台商投资股份有限公司 | 中外合资经营 | 中外合作经营 | 外资企业 | 外商投资股份有限公司 |
|---|---|---|---|---|---|---|---|---|---|---|---|
| **143** | **760** | **73** | **293** | **49** | **13** | **26** | **9** | **33** | **17** | **26** | **11** |
| 0 | 30 | 0 | 0 | 6 | 0 | 0 | 0 | 0 | 1 | 0 | 0 |
| 0 | 0 | 0 | 1 | 1 | 2 | 0 | 0 | 1 | 1 | 0 | 0 |
| 0 | 12 | 0 | 1 | 1 | 0 | 0 | 0 | 0 | 0 | 1 | 2 |
| 1 | 15 | 3 | 3 | 1 | 0 | 1 | 0 | 0 | 0 | 0 | 0 |
| 1 | 15 | 0 | 1 | 0 | 0 | 0 | 0 | 0 | 0 | 0 | 0 |
| 1 | 26 | 0 | 12 | 4 | 0 | 1 | 1 | 8 | 0 | 4 | 1 |
| 0 | 19 | 1 | 5 | 0 | 0 | 0 | 0 | 0 | 0 | 1 | 0 |
| 0 | 12 | 1 | 2 | 3 | 0 | 1 | 0 | 1 | 0 | 0 | 0 |
| 0 | 9 | 1 | 5 | 3 | 0 | 1 | 0 | 0 | 2 | 0 | 0 |
| 0 | 0 | 0 | 6 | 1 | 1 | 0 | 0 | 1 | 1 | 0 | 0 |
| 46 | 102 | 3 | 7 | 0 | 0 | 0 | 3 | 0 | 0 | 1 | 5 |
| 2 | 28 | 0 | 4 | 3 | 0 | 1 | 1 | 1 | 0 | 0 | 0 |
| 13 | 37 | 2 | 6 | 4 | 0 | 4 | 0 | 3 | 0 | 5 | 1 |
| 7 | 25 | 3 | 5 | 1 | 0 | 0 | 0 | 0 | 0 | 1 | 0 |
| 2 | 74 | 8 | 16 | 2 | 0 | 2 | 0 | 5 | 0 | 1 | 1 |
| 0 | 26 | 4 | 7 | 0 | 0 | 0 | 0 | 1 | 0 | 0 | 0 |
| 3 | 25 | 7 | 2 | 0 | 0 | 1 | 0 | 0 | 0 | 3 | 0 |
| 8 | 24 | 13 | 4 | 3 | 0 | 2 | 2 | 1 | 1 | 2 | 0 |
| 23 | 49 | 9 | 160 | 12 | 9 | 6 | 2 | 5 | 9 | 5 | 0 |
| 13 | 42 | 1 | 5 | 1 | 0 | 2 | 0 | 0 | 1 | 0 | 0 |
| 0 | 11 | 2 | 2 | 0 | 1 | 4 | 0 | 1 | 0 | 0 | 0 |
| 5 | 25 | 1 | 3 | 1 | 0 | 0 | 0 | 0 | 0 | 0 | 0 |
| 0 | 12 | 0 | 5 | 1 | 0 | 0 | 0 | 0 | 0 | 0 | 0 |
| 5 | 24 | 3 | 8 | 1 | 0 | 0 | 0 | 0 | 0 | 0 | 0 |
| 1 | 26 | 1 | 7 | 0 | 0 | 0 | 0 | 3 | 0 | 2 | 1 |
| 2 | 7 | 0 | 3 | 0 | 0 | 0 | 0 | 0 | 0 | 0 | 0 |
| 2 | 21 | 2 | 1 | 0 | 0 | 0 | 0 | 1 | 1 | 0 | 0 |
| 0 | 16 | 3 | 2 | 0 | 0 | 0 | 0 | 0 | 0 | 0 | 0 |
| 2 | 4 | 0 | 1 | 0 | 0 | 0 | 0 | 1 | 0 | 0 | 0 |
| 0 | 12 | 0 | 1 | 0 | 0 | 0 | 0 | 0 | 0 | 0 | 0 |
| 6 | 32 | 5 | 8 | 0 | 0 | 0 | 0 | 0 | 0 | 0 | 0 |

# 8-3 全国三星级饭店的地区分布

| 地 区 | 饭店数（家） | 房间数（间） | 床位数（张） | 客房出租率（%） | 营业收入（万元） | 营业税金（万元） | 固定资产原值（万元） |
|---|---|---|---|---|---|---|---|
| **合 计** | **5 384** | **613 936** | **1 103 361** | **60.16** | **6 111 408.22** | **325 688.66** | **11 987 507.14** |
| 北 京 | 246 | 41 813 | 75 791 | 55.77 | 584 963.10 | 31 181.70 | 1 306 484.70 |
| 天 津 | 45 | 5 945 | 10 398 | 51.71 | 70 300.94 | 3 950.97 | 128 001.15 |
| 河 北 | 89 | 10 765 | 19 825 | 56.79 | 100 720.80 | 5 302.37 | 207 690.17 |
| 山 西 | 104 | 11 483 | 21 302 | 61.05 | 149 512.67 | 7 696.67 | 244 177.63 |
| 内蒙古 | 79 | 9 644 | 17 434 | 54.20 | 97 747.70 | 4 508.50 | 178 834.35 |
| 辽 宁 | 222 | 24 290 | 42 756 | 57.12 | 218 146.14 | 10 859.17 | 609 393.21 |
| 吉 林 | 85 | 7 430 | 14 034 | 57.30 | 85 660.58 | 4 621.77 | 254 613.49 |
| 黑龙江 | 110 | 10 477 | 19 942 | 47.60 | 62 864.82 | 3 187.21 | 193 004.60 |
| 上 海 | 119 | 19 381 | 33 055 | 62.68 | 324 705.28 | 16 905.58 | 623 013.13 |
| 江 苏 | 325 | 32 067 | 57 455 | 61.09 | 399 610.30 | 21 486.30 | 554 187.94 |
| 浙 江 | 324 | 38 808 | 68 072 | 63.00 | 564 329.73 | 28 198.45 | 813 695.58 |
| 安 徽 | 166 | 16 772 | 31 033 | 59.26 | 156 566.29 | 8 116.91 | 260 031.72 |
| 福 建 | 182 | 19 948 | 34 354 | 62.42 | 195 700.98 | 11 970.93 | 314 279.29 |
| 江 西 | 173 | 17 609 | 31 843 | 59.26 | 107 166.73 | 5 558.84 | 222 263.13 |
| 山 东 | 475 | 46 996 | 85 985 | 67.66 | 569 027.85 | 28 837.49 | 1 245 418.84 |
| 河 南 | 192 | 24 734 | 45 632 | 63.48 | 225 849.74 | 12 036.61 | 406 365.67 |
| 湖 北 | 188 | 18 982 | 33 862 | 63.24 | 155 615.18 | 7 782.31 | 392 921.85 |
| 湖 南 | 192 | 23 555 | 42 406 | 70.48 | 210 260.37 | 10 250.74 | 396 626.43 |
| 广 东 | 568 | 67 003 | 112 919 | 55.65 | 701 694.99 | 41 828.60 | 1 068 289.10 |
| 广 西 | 199 | 23 414 | 42 151 | 62.11 | 133 536.47 | 7 605.50 | 247 418.67 |
| 海 南 | 87 | 9 958 | 18 780 | 56.84 | 45 190.13 | 2 328.08 | 115 465.63 |
| 重 庆 | 122 | 12 919 | 23 131 | 56.15 | 99 075.61 | 5 190.06 | 165 573.22 |
| 四 川 | 163 | 18 956 | 33 682 | 64.79 | 193 469.47 | 10 012.02 | 421 745.76 |
| 贵 州 | 132 | 11 608 | 20 974 | 62.27 | 69 788.23 | 3 666.79 | 132 408.79 |
| 云 南 | 156 | 17 518 | 32 564 | 56.42 | 95 007.80 | 5 696.18 | 331 728.41 |
| 西 藏 | 47 | 4 657 | 8 666 | 49.16 | 15 901.08 | 801.56 | 106 473.11 |
| 陕 西 | 148 | 17 917 | 33 621 | 63.48 | 171 099.27 | 9 487.66 | 334 110.54 |
| 甘 肃 | 134 | 16 017 | 29 251 | 56.22 | 94 988.36 | 4 803.10 | 249 097.60 |
| 青 海 | 46 | 5 230 | 10 081 | 45.13 | 22 195.23 | 1 218.98 | 60 870.13 |
| 宁 夏 | 39 | 3 643 | 6 622 | 57.02 | 38 199.54 | 2 135.15 | 77 560.44 |
| 新 疆 | 227 | 24 397 | 45 740 | 62.84 | 152 512.85 | 8 462.48 | 325 762.86 |

# 8－4 全国三星级饭店的营业收入总额

单位:万元

| 地 区 | 营业收入 | #客房 | #餐饮 |
|---|---|---|---|
| **合 计** | **6 111 408.22** | **2 566 652.74** | **2 742 677.09** |
| 北 京 | 584 963.10 | 254 021.90 | 192 673.10 |
| 天 津 | 70 300.94 | 24 941.85 | 31 760.07 |
| 河 北 | 100 720.80 | 38 567.44 | 56 524.82 |
| 山 西 | 149 512.67 | 57 776.16 | 77 199.01 |
| 内蒙古 | 97 747.70 | 41 917.36 | 41 607.34 |
| 辽 宁 | 218 146.14 | 98 816.56 | 97 566.89 |
| 吉 林 | 85 660.58 | 33 305.66 | 36 351.22 |
| 黑龙江 | 62 864.82 | 31 500.61 | 26 477.79 |
| 上 海 | 324 705.28 | 162 145.01 | 106 179.70 |
| 江 苏 | 399 610.30 | 121 026.49 | 222 742.32 |
| 浙 江 | 564 329.73 | 185 222.05 | 279 705.61 |
| 安 徽 | 156 566.29 | 56 104.61 | 75 486.24 |
| 福 建 | 195 700.98 | 81 472.02 | 92 705.97 |
| 江 西 | 107 166.73 | 55 388.69 | 48 630.11 |
| 山 东 | 569 027.85 | 243 022.16 | 296 496.15 |
| 河 南 | 225 849.74 | 92 171.32 | 106 595.97 |
| 湖 北 | 155 615.18 | 73 029.19 | 69 604.80 |
| 湖 南 | 210 260.37 | 102 108.43 | 90 682.86 |
| 广 东 | 701 694.99 | 279 716.24 | 318 679.69 |
| 广 西 | 133 536.47 | 64 595.76 | 58 326.47 |
| 海 南 | 45 190.13 | 25 794.76 | 14 895.31 |
| 重 庆 | 99 075.61 | 42 246.19 | 42 367.59 |
| 四 川 | 193 469.47 | 79 181.80 | 73 495.24 |
| 贵 州 | 69 788.23 | 41 514.98 | 23 522.05 |
| 云 南 | 95 007.80 | 50 673.19 | 33 178.96 |
| 西 藏 | 15 901.08 | 9 838.95 | 4 615.28 |
| 陕 西 | 171 099.27 | 64 988.27 | 90 558.98 |
| 甘 肃 | 94 988.36 | 50 559.43 | 39 209.15 |
| 青 海 | 22 195.23 | 13 280.16 | 7 474.26 |
| 宁 夏 | 38 199.54 | 14 790.30 | 21 063.10 |
| 新 疆 | 152 512.85 | 76 935.20 | 66 301.04 |

# 8－5　全国三星级饭店的营业收入构成

| 地　区 | 营业收入（万元） | #客房（%） | #餐饮（%） |
|---|---|---|---|
| **合　计** | **6 111 408.22** | **42.00** | **44.88** |
| 北　京 | 584 963.10 | 43.43 | 32.94 |
| 天　津 | 70 300.94 | 35.48 | 45.18 |
| 河　北 | 100 720.80 | 38.29 | 56.12 |
| 山　西 | 149 512.67 | 38.64 | 51.63 |
| 内蒙古 | 97 747.70 | 42.88 | 42.57 |
| 辽　宁 | 218 146.14 | 45.30 | 44.73 |
| 吉　林 | 85 660.58 | 38.88 | 42.44 |
| 黑龙江 | 62 864.82 | 50.11 | 42.12 |
| 上　海 | 324 705.28 | 49.94 | 32.70 |
| 江　苏 | 399 610.30 | 30.29 | 55.74 |
| 浙　江 | 564 329.73 | 32.82 | 49.56 |
| 安　徽 | 156 566.29 | 35.83 | 48.21 |
| 福　建 | 195 700.98 | 41.63 | 47.37 |
| 江　西 | 107 166.73 | 51.68 | 45.38 |
| 山　东 | 569 027.85 | 42.71 | 52.11 |
| 河　南 | 225 849.74 | 40.81 | 47.20 |
| 湖　北 | 155 615.18 | 46.93 | 44.73 |
| 湖　南 | 210 260.37 | 48.56 | 43.13 |
| 广　东 | 701 694.99 | 39.86 | 45.42 |
| 广　西 | 133 536.47 | 48.37 | 43.68 |
| 海　南 | 45 190.13 | 57.08 | 32.96 |
| 重　庆 | 99 075.61 | 42.64 | 42.76 |
| 四　川 | 193 469.47 | 40.93 | 37.99 |
| 贵　州 | 69 788.23 | 59.49 | 33.70 |
| 云　南 | 95 007.80 | 53.34 | 34.92 |
| 西　藏 | 15 901.08 | 61.88 | 29.02 |
| 陕　西 | 171 099.27 | 37.98 | 52.93 |
| 甘　肃 | 94 988.36 | 53.23 | 41.28 |
| 青　海 | 22 195.23 | 59.83 | 33.68 |
| 宁　夏 | 38 199.54 | 38.72 | 55.14 |
| 新　疆 | 152 512.85 | 50.45 | 43.47 |

# 8-6 全国三星级饭店每间客房的收益

| 地　区 | 饭店数（家） | 饭店规模 | | 客房出租率（%） | 每间客房年收入（万元） |
|---|---|---|---|---|---|
| | | 客房数（间） | 床位数（张） | | |
| **合　计** | **5 384** | **613 936** | **1 103 361** | **60.16** | **9.95** |
| 北　京 | 246 | 41 813 | 75 791 | 55.77 | 13.99 |
| 天　津 | 45 | 5 945 | 10 398 | 51.71 | 11.83 |
| 河　北 | 89 | 10 765 | 19 825 | 56.79 | 9.36 |
| 山　西 | 104 | 11 483 | 21 302 | 61.05 | 13.02 |
| 内蒙古 | 79 | 9 644 | 17 434 | 54.20 | 10.14 |
| 辽　宁 | 222 | 24 290 | 42 756 | 57.12 | 8.98 |
| 吉　林 | 85 | 7 430 | 14 034 | 57.30 | 11.53 |
| 黑龙江 | 110 | 10 477 | 19 942 | 47.60 | 6.00 |
| 上　海 | 119 | 19 381 | 33 055 | 62.68 | 16.75 |
| 江　苏 | 325 | 32 067 | 57 455 | 61.09 | 12.46 |
| 浙　江 | 324 | 38 808 | 68 072 | 63.00 | 14.54 |
| 安　徽 | 166 | 16 772 | 31 033 | 59.26 | 9.33 |
| 福　建 | 182 | 19 948 | 34 354 | 62.42 | 9.81 |
| 江　西 | 173 | 17 609 | 31 843 | 59.26 | 6.09 |
| 山　东 | 475 | 46 996 | 85 985 | 67.66 | 12.11 |
| 河　南 | 192 | 24 734 | 45 632 | 63.48 | 9.13 |
| 湖　北 | 188 | 18 982 | 33 862 | 63.24 | 8.20 |
| 湖　南 | 192 | 23 555 | 42 406 | 70.48 | 8.93 |
| 广　东 | 568 | 67 003 | 112 919 | 55.65 | 10.47 |
| 广　西 | 199 | 23 414 | 42 151 | 62.11 | 5.70 |
| 海　南 | 87 | 9 958 | 18 780 | 56.84 | 4.54 |
| 重　庆 | 122 | 12 919 | 23 131 | 56.15 | 7.67 |
| 四　川 | 163 | 18 956 | 33 682 | 64.79 | 10.21 |
| 贵　州 | 132 | 11 608 | 20 974 | 62.27 | 6.01 |
| 云　南 | 156 | 17 518 | 32 564 | 56.42 | 5.42 |
| 西　藏 | 47 | 4 657 | 8 666 | 49.16 | 3.41 |
| 陕　西 | 148 | 17 917 | 33 621 | 63.48 | 9.55 |
| 甘　肃 | 134 | 16 017 | 29 251 | 56.22 | 5.93 |
| 青　海 | 46 | 5 230 | 10 081 | 45.13 | 4.24 |
| 宁　夏 | 39 | 3 643 | 6 622 | 57.02 | 10.49 |
| 新　疆 | 227 | 24 397 | 45 740 | 62.84 | 6.25 |

# 8－7　全国三星级饭店的人均效益

| 地　区 | 全员劳动（万元/人） | 人均实现营业税金（万元/人） | 人均实现利　润（万元/人） | 人均占用固定资产原值（万元/人） | 年末从业人　员（人） |
|---|---|---|---|---|---|
| **合　计** | **10.20** | **0.54** | **－0.20** | **20.00** | **599 232** |
| 北　京 | 14.62 | 0.78 | －0.77 | 32.66 | 40 008 |
| 天　津 | 11.49 | 0.65 | －0.52 | 20.92 | 6 120 |
| 河　北 | 8.18 | 0.43 | －0.80 | 16.88 | 12 307 |
| 山　西 | 8.74 | 0.45 | 0.01 | 14.27 | 17 114 |
| 内蒙古 | 8.87 | 0.41 | －0.01 | 16.24 | 11 014 |
| 辽　宁 | 10.11 | 0.50 | －0.83 | 28.23 | 21 587 |
| 吉　林 | 11.83 | 0.64 | －0.99 | 35.17 | 7 239 |
| 黑龙江 | 8.00 | 0.41 | －0.20 | 24.56 | 7 860 |
| 上　海 | 17.24 | 0.90 | －0.17 | 33.08 | 18 831 |
| 江　苏 | 11.87 | 0.64 | －0.12 | 16.47 | 33 655 |
| 浙　江 | 14.88 | 0.74 | －0.79 | 21.46 | 37 913 |
| 安　徽 | 10.24 | 0.53 | 0.33 | 17.00 | 15 296 |
| 福　建 | 9.44 | 0.58 | 0.14 | 15.17 | 20 721 |
| 江　西 | 8.14 | 0.42 | 0.15 | 16.89 | 13 158 |
| 山　东 | 10.65 | 0.54 | 0.23 | 23.30 | 53 450 |
| 河　南 | 8.51 | 0.45 | －0.34 | 15.32 | 26 525 |
| 湖　北 | 8.44 | 0.42 | －0.03 | 21.31 | 18 437 |
| 湖　南 | 8.53 | 0.42 | －0.01 | 16.08 | 24 661 |
| 广　东 | 9.60 | 0.57 | －0.04 | 14.62 | 73 085 |
| 广　西 | 7.43 | 0.42 | －0.24 | 13.76 | 17 980 |
| 海　南 | 7.33 | 0.38 | －0.47 | 18.73 | 6 165 |
| 重　庆 | 7.91 | 0.41 | －0.21 | 13.22 | 12 528 |
| 四　川 | 9.96 | 0.52 | －0.37 | 21.71 | 19 422 |
| 贵　州 | 7.97 | 0.42 | 0.33 | 15.12 | 8 755 |
| 云　南 | 7.02 | 0.42 | －0.46 | 24.51 | 13 537 |
| 西　藏 | 5.92 | 0.30 | －0.14 | 39.65 | 2 685 |
| 陕　西 | 7.93 | 0.44 | 0.08 | 15.49 | 21 570 |
| 甘　肃 | 6.63 | 0.34 | －0.04 | 17.40 | 14 317 |
| 青　海 | 6.94 | 0.38 | －0.46 | 19.03 | 3 199 |
| 宁　夏 | 8.24 | 0.46 | －0.27 | 16.73 | 4 636 |
| 新　疆 | 9.87 | 0.55 | 0.11 | 21.08 | 15 457 |

# 九、全国二星级饭店综合资料

# 9-1 全国二星级饭店

| 饭店注册登记类型 | 饭店数（家） | 房间数（间） | 床位数（张） |
|---|---|---|---|
| **合计** | **3 636** | **247 303** | **463 713** |
| 国有企业 | 1 321 | 96 360 | 183 492 |
| 集体企业 | 203 | 14 179 | 26 895 |
| 股份合作企业 | 89 | 6 829 | 13 041 |
| 国有联营 | 3 | 206 | 364 |
| 集体联营 | 7 | 452 | 857 |
| 国有与集体联营 | 5 | 400 | 767 |
| 其他联营 | 1 | 22 | 44 |
| 国有独资公司 | 61 | 3 604 | 6 485 |
| 其他有限责任公司 | 288 | 23 709 | 44 424 |
| 股份有限公司 | 133 | 9 497 | 17 835 |
| 私营独资 | 677 | 36 075 | 66 887 |
| 私营合伙 | 186 | 11 087 | 20 352 |
| 私营有限责任公司 | 446 | 30 327 | 55 217 |
| 私营股份有限公司 | 50 | 3 618 | 6 738 |
| 其他 | 131 | 8 110 | 15 282 |
| 与港澳台商合资经营 | 11 | 956 | 1 659 |
| 与港澳台商合作经营 | 4 | 213 | 399 |
| 港澳台商独资 | 4 | 270 | 503 |
| 港澳台商投资股份有限公司 | 0 | 0 | 0 |
| 中外合资经营 | 5 | 392 | 769 |
| 中外合作经营 | 2 | 150 | 296 |
| 外资企业 | 6 | 419 | 786 |
| 外商投资股份有限公司 | 3 | 428 | 621 |

# 综合情况

| 客房出租率（%） | 营业收入（万元） | 营业税金（万元） | 固定资产原值（万元） |
|---|---|---|---|
| **58.35** | **1 543 617.37** | **80 488.76** | **3 005 843.53** |
| 58.75 | 633 819.07 | 32 210.91 | 1 257 608.18 |
| 55.59 | 87 612.22 | 4 736.80 | 144 024.20 |
| 53.46 | 36 839.79 | 2 140.15 | 105 360.94 |
| 46.82 | 666.89 | 43.18 | 1 431.84 |
| 58.22 | 1 714.08 | 92.03 | 2 957.71 |
| 59.15 | 3 536.01 | 220.35 | 3 636.25 |
| 74.57 | 25.50 | 10.80 | 486.00 |
| 60.44 | 36 745.57 | 1 872.47 | 46 063.16 |
| 60.64 | 167 692.51 | 8 264.87 | 214 956.78 |
| 58.20 | 64 162.01 | 3 217.38 | 116 813.89 |
| 56.99 | 175 264.48 | 9 937.39 | 562 617.39 |
| 61.19 | 70 117.88 | 3 750.03 | 81 993.84 |
| 58.26 | 189 951.03 | 10 022.57 | 303 529.98 |
| 60.55 | 16 852.22 | 941.34 | 24 988.49 |
| 56.28 | 38 455.55 | 1 995.51 | 83 405.12 |
| 68.45 | 6 012.62 | 320.54 | 18 760.60 |
| 65.64 | 3 899.89 | 205.21 | 7 406.19 |
| 73.42 | 2 259.50 | 115.40 | 3 450.10 |
| 0.00 | 0.00 | 0.00 | 0.00 |
| 49.25 | 2 981.25 | 138.98 | 11 207.57 |
| 18.69 | 392.00 | 20.10 | 2 998.00 |
| 45.81 | 1 347.25 | 82.86 | 6 462.59 |
| 76.34 | 3 270.05 | 149.90 | 5 684.70 |

# 9－2 全国二星级饭店

| 地区 | 总计 | 国有企业 | 集体企业 | 股份合作企业 | 国有联营 | 集体联营 | 国有与集体联营 | 其他联营 | 国有独资公司 | 其他有限责任公司 | 股份有限公司 | 私营独资 |
|---|---|---|---|---|---|---|---|---|---|---|---|---|
| **合　计** | **3 636** | **1 321** | **203** | **89** | **3** | **7** | **5** | **1** | **61** | **288** | **133** | **677** |
| 北　京 | 200 | 66 | 12 | 13 | 0 | 0 | 1 | 0 | 3 | 54 | 1 | 5 |
| 天　津 | 14 | 7 | 1 | 0 | 0 | 0 | 0 | 0 | 0 | 2 | 1 | 3 |
| 河　北 | 51 | 33 | 3 | 0 | 0 | 0 | 0 | 0 | 0 | 5 | 0 | 6 |
| 山　西 | 96 | 48 | 2 | 6 | 0 | 0 | 0 | 0 | 0 | 6 | 7 | 16 |
| 内蒙古 | 126 | 32 | 7 | 1 | 0 | 0 | 0 | 0 | 0 | 21 | 5 | 30 |
| 辽　宁 | 117 | 48 | 10 | 1 | 0 | 0 | 0 | 0 | 1 | 14 | 5 | 15 |
| 吉　林 | 74 | 29 | 4 | 2 | 0 | 0 | 0 | 0 | 0 | 7 | 2 | 16 |
| 黑龙江 | 79 | 43 | 2 | 0 | 0 | 0 | 0 | 0 | 0 | 5 | 4 | 15 |
| 上　海 | 65 | 22 | 9 | 1 | 0 | 0 | 0 | 0 | 5 | 2 | 6 | 5 |
| 江　苏 | 137 | 27 | 12 | 0 | 0 | 0 | 0 | 0 | 50 | 0 | 10 | 37 |
| 浙　江 | 283 | 50 | 24 | 19 | 0 | 1 | 0 | 0 | 0 | 2 | 12 | 26 |
| 安　徽 | 151 | 54 | 6 | 5 | 0 | 0 | 0 | 0 | 0 | 12 | 11 | 30 |
| 福　建 | 78 | 41 | 4 | 2 | 0 | 0 | 0 | 0 | 0 | 3 | 0 | 9 |
| 江　西 | 74 | 40 | 0 | 2 | 0 | 0 | 0 | 0 | 0 | 4 | 5 | 2 |
| 山　东 | 244 | 84 | 17 | 10 | 0 | 0 | 1 | 0 | 0 | 24 | 17 | 45 |
| 河　南 | 123 | 61 | 15 | 4 | 0 | 0 | 0 | 0 | 0 | 7 | 7 | 12 |
| 湖　北 | 179 | 70 | 9 | 6 | 0 | 0 | 0 | 0 | 0 | 18 | 4 | 23 |
| 湖　南 | 168 | 47 | 2 | 3 | 0 | 0 | 0 | 0 | 0 | 4 | 5 | 58 |
| 广　东 | 176 | 52 | 14 | 1 | 1 | 1 | 0 | 0 | 2 | 18 | 4 | 17 |
| 广　西 | 115 | 42 | 10 | 1 | 1 | 0 | 0 | 0 | 0 | 7 | 3 | 28 |
| 海　南 | 26 | 6 | 1 | 0 | 0 | 1 | 0 | 0 | 0 | 5 | 2 | 4 |
| 重　庆 | 55 | 15 | 5 | 1 | 0 | 0 | 0 | 0 | 0 | 5 | 2 | 13 |
| 四　川 | 143 | 88 | 2 | 2 | 0 | 0 | 0 | 0 | 0 | 12 | 2 | 17 |
| 贵　州 | 141 | 55 | 0 | 3 | 1 | 0 | 0 | 0 | 0 | 5 | 1 | 49 |
| 云　南 | 309 | 91 | 15 | 2 | 0 | 4 | 0 | 1 | 0 | 12 | 8 | 111 |
| 西　藏 | 40 | 10 | 5 | 0 | 0 | 0 | 0 | 0 | 0 | 5 | 0 | 4 |
| 陕　西 | 76 | 44 | 2 | 2 | 0 | 0 | 0 | 0 | 0 | 9 | 1 | 6 |
| 甘　肃 | 123 | 59 | 8 | 1 | 0 | 0 | 3 | 0 | 0 | 2 | 5 | 29 |
| 青　海 | 43 | 11 | 0 | 1 | 0 | 0 | 0 | 0 | 0 | 6 | 1 | 18 |
| 宁　夏 | 7 | 0 | 0 | 0 | 0 | 0 | 0 | 0 | 0 | 3 | 1 | 1 |
| 新　疆 | 123 | 46 | 2 | 0 | 0 | 0 | 0 | 0 | 0 | 9 | 1 | 27 |

# 的注册登记类型

单位：家

| 私营合伙 | 私营有限责任公司 | 私营股份有限公司 | 其他 | 与港澳台商合资经营 | 与港澳台商合作经营 | 港澳台商独资 | 港澳台商投资股份有限公司 | 中外合资经营 | 中外合作经营 | 外资企业 | 外商投资股份有限公司 |
|---|---|---|---|---|---|---|---|---|---|---|---|
| **186** | **446** | **50** | **131** | **11** | **4** | **4** | **0** | **5** | **2** | **6** | **3** |
| 3 | 37 | 4 | 0 | 0 | 0 | 0 | 0 | 1 | 0 | 0 | 0 |
| 0 | 0 | 0 | 0 | 0 | 0 | 0 | 0 | 0 | 0 | 0 | 0 |
| 0 | 4 | 0 | 0 | 0 | 0 | 0 | 0 | 0 | 0 | 0 | 0 |
| 2 | 8 | 0 | 1 | 0 | 0 | 0 | 0 | 0 | 0 | 0 | 0 |
| 3 | 20 | 1 | 6 | 0 | 0 | 0 | 0 | 0 | 0 | 0 | 0 |
| 2 | 15 | 2 | 2 | 0 | 1 | 0 | 0 | 1 | 0 | 0 | 0 |
| 0 | 10 | 1 | 3 | 0 | 0 | 0 | 0 | 0 | 0 | 0 | 0 |
| 2 | 7 | 1 | 0 | 0 | 0 | 0 | 0 | 0 | 0 | 0 | 0 |
| 0 | 12 | 0 | 2 | 1 | 0 | 0 | 0 | 0 | 0 | 0 | 0 |
| 0 | 0 | 0 | 1 | 0 | 0 | 0 | 0 | 0 | 0 | 0 | 0 |
| 82 | 55 | 1 | 9 | 0 | 0 | 0 | 0 | 0 | 0 | 0 | 2 |
| 8 | 17 | 4 | 3 | 0 | 0 | 0 | 0 | 0 | 0 | 1 | 0 |
| 4 | 9 | 3 | 1 | 1 | 0 | 0 | 0 | 1 | 0 | 0 | 0 |
| 2 | 8 | 7 | 4 | 0 | 0 | 0 | 0 | 0 | 0 | 0 | 0 |
| 5 | 31 | 2 | 7 | 0 | 0 | 1 | 0 | 0 | 0 | 0 | 0 |
| 0 | 12 | 1 | 3 | 0 | 0 | 0 | 0 | 0 | 0 | 0 | 1 |
| 13 | 26 | 1 | 7 | 1 | 0 | 0 | 0 | 1 | 0 | 0 | 0 |
| 12 | 26 | 2 | 4 | 3 | 0 | 2 | 0 | 0 | 0 | 0 | 0 |
| 7 | 15 | 1 | 36 | 3 | 2 | 1 | 0 | 0 | 1 | 0 | 0 |
| 8 | 11 | 1 | 3 | 0 | 0 | 0 | 0 | 0 | 0 | 0 | 0 |
| 0 | 1 | 1 | 2 | 0 | 1 | 0 | 0 | 0 | 0 | 2 | 0 |
| 3 | 6 | 4 | 1 | 0 | 0 | 0 | 0 | 0 | 0 | 0 | 0 |
| 1 | 16 | 2 | 1 | 0 | 0 | 0 | 0 | 0 | 0 | 0 | 0 |
| 9 | 16 | 2 | 0 | 0 | 0 | 0 | 0 | 0 | 0 | 0 | 0 |
| 6 | 27 | 3 | 24 | 1 | 0 | 0 | 0 | 1 | 1 | 2 | 0 |
| 7 | 7 | 0 | 1 | 0 | 0 | 0 | 0 | 0 | 0 | 1 | 0 |
| 1 | 7 | 3 | 1 | 0 | 0 | 0 | 0 | 0 | 0 | 0 | 0 |
| 1 | 12 | 2 | 1 | 0 | 0 | 0 | 0 | 0 | 0 | 0 | 0 |
| 1 | 5 | 0 | 0 | 0 | 0 | 0 | 0 | 0 | 0 | 0 | 0 |
| 0 | 2 | 0 | 0 | 0 | 0 | 0 | 0 | 0 | 0 | 0 | 0 |
| 4 | 24 | 1 | 8 | 1 | 0 | 0 | 0 | 0 | 0 | 0 | 0 |

# 9-3 全国二星级饭店的地区分布

| 地 区 | 饭店数（家） | 房间数（间） | 床位数（张） | 客房出租率（%） | 营业收入（万元） | 营业税金（万元） | 固定资产原值（万元） |
|---|---|---|---|---|---|---|---|
| **合 计** | **3 636** | **247 303** | **463 713** | **58.35** | **1 543 617.37** | **80 488.76** | **3 005 843.53** |
| 北 京 | 200 | 18 803 | 36 763 | 52.45 | 127 401.90 | 6 602.50 | 156 161.00 |
| 天 津 | 14 | 1 125 | 2 264 | 63.17 | 7 450.36 | 416.15 | 19 497.79 |
| 河 北 | 51 | 3 852 | 7 528 | 58.23 | 30 844.01 | 1 626.07 | 48 967.75 |
| 山 西 | 96 | 7 096 | 13 939 | 60.34 | 71 282.68 | 3 934.37 | 109 410.72 |
| 内蒙古 | 126 | 7 827 | 15 156 | 53.99 | 47 561.30 | 2 100.67 | 100 081.22 |
| 辽 宁 | 117 | 8 233 | 15 562 | 53.91 | 50 177.56 | 2 702.60 | 84 818.91 |
| 吉 林 | 74 | 3 847 | 7 917 | 46.04 | 19 078.61 | 881.74 | 59 287.51 |
| 黑龙江 | 79 | 4 394 | 8 820 | 48.43 | 16 266.97 | 800.07 | 43 582.38 |
| 上 海 | 65 | 5 235 | 9 367 | 63.13 | 60 652.28 | 3 154.08 | 113 365.82 |
| 江 苏 | 137 | 8 237 | 15 285 | 61.13 | 67 262.31 | 3 421.42 | 67 528.87 |
| 浙 江 | 283 | 21 110 | 37 974 | 60.09 | 152 587.25 | 7 788.79 | 174 846.80 |
| 安 徽 | 151 | 8 808 | 16 701 | 55.69 | 56 878.21 | 2 868.63 | 107 555.89 |
| 福 建 | 78 | 5 301 | 9 554 | 61.50 | 32 404.59 | 1 830.24 | 46 340.34 |
| 江 西 | 74 | 4 947 | 9 518 | 60.83 | 18 436.55 | 1 005.58 | 45 111.01 |
| 山 东 | 244 | 13 914 | 26 814 | 65.92 | 102 338.12 | 5 226.86 | 490 103.69 |
| 河 南 | 123 | 10 445 | 20 556 | 60.30 | 68 261.67 | 3 767.91 | 102 015.81 |
| 湖 北 | 179 | 10 634 | 19 610 | 60.51 | 59 116.70 | 2 964.22 | 116 519.90 |
| 湖 南 | 168 | 11 947 | 21 267 | 72.36 | 71 450.89 | 3 737.38 | 112 088.04 |
| 广 东 | 176 | 12 825 | 22 488 | 57.18 | 92 240.17 | 5 109.93 | 142 382.56 |
| 广 西 | 115 | 9 307 | 16 735 | 62.68 | 38 553.04 | 2 179.32 | 70 117.95 |
| 海 南 | 26 | 1 932 | 3 775 | 56.19 | 6 175.04 | 377.41 | 11 898.58 |
| 重 庆 | 55 | 3 510 | 6 396 | 44.80 | 24 995.10 | 1 404.85 | 46 122.94 |
| 四 川 | 143 | 10 934 | 19 619 | 64.05 | 79 002.37 | 4 259.29 | 137 792.66 |
| 贵 州 | 141 | 6 292 | 11 624 | 63.67 | 25 667.08 | 1 730.99 | 39 487.20 |
| 云 南 | 309 | 20 234 | 38 064 | 52.12 | 66 177.56 | 3 756.20 | 283 361.39 |
| 西 藏 | 40 | 2 216 | 4 488 | 50.41 | 8 640.33 | 393.28 | 38 204.09 |
| 陕 西 | 76 | 5 282 | 10 115 | 60.05 | 61 207.34 | 1 974.88 | 48 050.78 |
| 甘 肃 | 123 | 7 613 | 14 725 | 50.68 | 39 624.14 | 2 209.97 | 93 644.02 |
| 青 海 | 43 | 2 391 | 4 408 | 48.03 | 4 961.10 | 271.65 | 16 323.36 |
| 宁 夏 | 7 | 633 | 1 162 | 69.44 | 4 476.20 | 252.30 | 7 316.70 |
| 新 疆 | 123 | 8 379 | 15 519 | 59.40 | 32 445.94 | 1 739.40 | 73 857.84 |

# 9-4 全国二星级饭店的营业收入总额

单位：万元

| 地　区 | 营业收入 | | |
|---|---|---|---|
| | | #客房 | #餐饮 |
| **合　计** | **1 543 617.37** | **704 839.12** | **660 850.88** |
| 北　京 | 127 401.90 | 70 068.20 | 31 621.40 |
| 天　津 | 7 450.36 | 4 100.89 | 2 201.20 |
| 河　北 | 30 844.01 | 8 995.39 | 19 508.95 |
| 山　西 | 71 282.68 | 32 043.87 | 35 681.61 |
| 内蒙古 | 47 561.30 | 21 051.17 | 25 699.81 |
| 辽　宁 | 50 177.56 | 25 490.98 | 20 418.90 |
| 吉　林 | 19 078.61 | 9 617.93 | 9 085.08 |
| 黑龙江 | 16 266.97 | 9 844.92 | 5 918.14 |
| 上　海 | 60 652.28 | 31 224.25 | 18 961.61 |
| 江　苏 | 67 262.31 | 24 246.44 | 33 080.69 |
| 浙　江 | 152 587.25 | 63 506.58 | 70 781.45 |
| 安　徽 | 56 878.21 | 21 803.81 | 32 028.86 |
| 福　建 | 32 404.59 | 14 774.30 | 15 344.26 |
| 江　西 | 18 436.55 | 12 683.94 | 4 941.15 |
| 山　东 | 102 338.12 | 46 022.39 | 53 796.24 |
| 河　南 | 68 261.67 | 25 829.71 | 37 514.58 |
| 湖　北 | 59 116.70 | 28 637.93 | 27 804.75 |
| 湖　南 | 71 450.89 | 38 584.10 | 29 514.05 |
| 广　东 | 92 240.17 | 43 103.60 | 31 717.29 |
| 广　西 | 38 553.04 | 20 589.29 | 14 061.73 |
| 海　南 | 6 175.04 | 3 516.60 | 2 412.79 |
| 重　庆 | 24 995.10 | 6 225.13 | 6 362.20 |
| 四　川 | 79 002.37 | 30 473.85 | 35 933.88 |
| 贵　州 | 25 667.08 | 15 410.76 | 8 813.45 |
| 云　南 | 66 177.56 | 36 880.05 | 19 915.43 |
| 西　藏 | 8 640.33 | 5 325.35 | 1 417.33 |
| 陕　西 | 61 207.34 | 13 556.38 | 32 245.51 |
| 甘　肃 | 39 624.14 | 16 832.97 | 21 280.44 |
| 青　海 | 4 961.10 | 4 167.74 | 523.54 |
| 宁　夏 | 4 476.20 | 1 904.90 | 2 559.20 |
| 新　疆 | 32 445.94 | 18 325.68 | 9 705.34 |

# 9－5 全国二星级饭店的营业收入构成

| 地 区 | 营业收入（万元） | #客房（%） | #餐饮（%） |
|---|---|---|---|
| **合 计** | **1 543 617.37** | **45.66** | **42.81** |
| 北 京 | 127 401.90 | 55.00 | 24.82 |
| 天 津 | 7 450.36 | 55.04 | 29.54 |
| 河 北 | 30 844.01 | 29.16 | 63.25 |
| 山 西 | 71 282.68 | 44.95 | 50.06 |
| 内蒙古 | 47 561.30 | 44.26 | 54.04 |
| 辽 宁 | 50 177.56 | 50.80 | 40.69 |
| 吉 林 | 19 078.61 | 50.41 | 47.62 |
| 黑龙江 | 16 266.97 | 60.52 | 36.38 |
| 上 海 | 60 652.28 | 51.48 | 31.26 |
| 江 苏 | 67 262.31 | 36.05 | 49.18 |
| 浙 江 | 152 587.25 | 41.62 | 46.39 |
| 安 徽 | 56 878.21 | 38.33 | 56.31 |
| 福 建 | 32 404.59 | 45.59 | 47.35 |
| 江 西 | 18 436.55 | 68.80 | 26.80 |
| 山 东 | 102 338.12 | 44.97 | 52.57 |
| 河 南 | 68 261.67 | 37.84 | 54.96 |
| 湖 北 | 59 116.70 | 48.44 | 47.03 |
| 湖 南 | 71 450.89 | 54.00 | 41.31 |
| 广 东 | 92 240.17 | 46.73 | 34.39 |
| 广 西 | 38 553.04 | 53.41 | 36.47 |
| 海 南 | 6 175.04 | 56.95 | 39.07 |
| 重 庆 | 24 995.10 | 24.91 | 25.45 |
| 四 川 | 79 002.37 | 38.57 | 45.48 |
| 贵 州 | 25 667.08 | 60.04 | 34.34 |
| 云 南 | 66 177.56 | 55.73 | 30.09 |
| 西 藏 | 8 640.33 | 61.63 | 16.40 |
| 陕 西 | 61 207.34 | 22.15 | 52.68 |
| 甘 肃 | 39 624.14 | 42.48 | 53.71 |
| 青 海 | 4 961.10 | 84.01 | 10.55 |
| 宁 夏 | 4 476.20 | 42.56 | 57.17 |
| 新 疆 | 32 445.94 | 56.48 | 29.91 |

# 9-6 全国二星级饭店每间客房的收益

| 地　区 | 饭店数（家） | 饭店规模 | | 客房出租率（%） | 每间客房年收入（万元） |
|---|---|---|---|---|---|
| | | 客房数（间） | 床位数（张） | | |
| **合　计** | **3 636** | **247 303** | **463 713** | **58.35** | **6.24** |
| 北　京 | 200 | 18 803 | 36 763 | 52.45 | 6.78 |
| 天　津 | 14 | 1 125 | 2 264 | 63.17 | 6.62 |
| 河　北 | 51 | 3 852 | 7 528 | 58.23 | 8.01 |
| 山　西 | 96 | 7 096 | 13 939 | 60.34 | 10.05 |
| 内蒙古 | 126 | 7 827 | 15 156 | 53.99 | 6.08 |
| 辽　宁 | 117 | 8 233 | 15 562 | 53.91 | 6.09 |
| 吉　林 | 74 | 3 847 | 7 917 | 46.04 | 4.96 |
| 黑龙江 | 79 | 4 394 | 8 820 | 48.43 | 3.70 |
| 上　海 | 65 | 5 235 | 9 367 | 63.13 | 11.59 |
| 江　苏 | 137 | 8 237 | 15 285 | 61.13 | 8.17 |
| 浙　江 | 283 | 21 110 | 37 974 | 60.09 | 7.23 |
| 安　徽 | 151 | 8 808 | 16 701 | 55.69 | 6.46 |
| 福　建 | 78 | 5 301 | 9 554 | 61.50 | 6.11 |
| 江　西 | 74 | 4 947 | 9 518 | 60.83 | 3.73 |
| 山　东 | 244 | 13 914 | 26 814 | 65.92 | 7.36 |
| 河　南 | 123 | 10 445 | 20 556 | 60.30 | 6.54 |
| 湖　北 | 179 | 10 634 | 19 610 | 60.51 | 5.56 |
| 湖　南 | 168 | 11 947 | 21 267 | 72.36 | 5.98 |
| 广　东 | 176 | 12 825 | 22 488 | 57.18 | 7.19 |
| 广　西 | 115 | 9 307 | 16 735 | 62.68 | 4.14 |
| 海　南 | 26 | 1 932 | 3 775 | 56.19 | 3.20 |
| 重　庆 | 55 | 3 510 | 6 396 | 44.80 | 7.12 |
| 四　川 | 143 | 10 934 | 19 619 | 64.05 | 7.23 |
| 贵　州 | 141 | 6 292 | 11 624 | 63.67 | 4.08 |
| 云　南 | 309 | 20 234 | 38 064 | 52.12 | 3.27 |
| 西　藏 | 40 | 2 216 | 4 488 | 50.41 | 3.90 |
| 陕　西 | 76 | 5 282 | 10 115 | 60.05 | 11.59 |
| 甘　肃 | 123 | 7 613 | 14 725 | 50.68 | 5.20 |
| 青　海 | 43 | 2 391 | 4 408 | 48.03 | 2.07 |
| 宁　夏 | 7 | 633 | 1 162 | 69.44 | 7.07 |
| 新　疆 | 123 | 8 379 | 15 519 | 59.40 | 3.87 |

# 9－7 全国二星级饭店的人均效益

| 地　区 | 全员劳动（万元/人） | 人均实现营业税金（万元/人） | 人均实现利　润（万元/人） | 人均占用固定资产原值（万元/人） | 年末从业人　员（人） |
|---|---|---|---|---|---|
| **合　计** | **8.74** | **0.46** | **0.02** | **17.01** | **176 661** |
| 北　京 | 12.65 | 0.66 | －0.41 | 15.51 | 10 069 |
| 天　津 | 9.29 | 0.52 | －0.43 | 24.31 | 802 |
| 河　北 | 8.00 | 0.42 | －0.42 | 12.70 | 3 857 |
| 山　西 | 7.78 | 0.43 | 0.26 | 11.94 | 9 163 |
| 内蒙古 | 7.37 | 0.33 | 0.46 | 15.50 | 6 455 |
| 辽　宁 | 8.79 | 0.47 | 0.13 | 14.85 | 5 710 |
| 吉　林 | 6.54 | 0.30 | －0.13 | 20.32 | 2 917 |
| 黑龙江 | 5.57 | 0.27 | 0.38 | 14.94 | 2 918 |
| 上　海 | 15.72 | 0.82 | －0.02 | 29.38 | 3 858 |
| 江　苏 | 9.66 | 0.49 | 0.19 | 9.70 | 6 964 |
| 浙　江 | 12.78 | 0.65 | －1.17 | 14.64 | 11 943 |
| 安　徽 | 7.73 | 0.39 | 0.00 | 14.62 | 7 358 |
| 福　建 | 9.39 | 0.53 | 0.21 | 13.43 | 3 450 |
| 江　西 | 7.70 | 0.42 | 0.46 | 18.84 | 2 395 |
| 山　东 | 8.93 | 0.46 | 0.34 | 42.77 | 11 458 |
| 河　南 | 7.09 | 0.39 | 0.08 | 10.60 | 9 626 |
| 湖　北 | 7.83 | 0.39 | 0.06 | 15.44 | 7 549 |
| 湖　南 | 7.43 | 0.39 | 0.09 | 11.66 | 9 612 |
| 广　东 | 9.54 | 0.53 | 0.36 | 14.73 | 9 667 |
| 广　西 | 6.53 | 0.37 | －0.30 | 11.88 | 5 904 |
| 海　南 | 6.60 | 0.40 | －0.39 | 12.73 | 935 |
| 重　庆 | 11.30 | 0.64 | 0.15 | 20.86 | 2 211 |
| 四　川 | 8.05 | 0.43 | 0.16 | 14.04 | 9 816 |
| 贵　州 | 6.17 | 0.42 | 0.76 | 9.50 | 4 158 |
| 云　南 | 6.08 | 0.35 | －0.03 | 26.03 | 10 884 |
| 西　藏 | 10.04 | 0.46 | 1.70 | 44.37 | 861 |
| 陕　西 | 11.74 | 0.38 | 0.04 | 9.22 | 5 212 |
| 甘　肃 | 6.49 | 0.36 | 0.05 | 15.34 | 6 105 |
| 青　海 | 4.78 | 0.26 | 0.07 | 15.74 | 1 037 |
| 宁　夏 | 8.49 | 0.48 | －0.49 | 13.88 | 527 |
| 新　疆 | 10.01 | 0.54 | 0.05 | 22.80 | 3 240 |

# 十、全国一星级饭店综合资料

# 10-1 全国一星级饭店

| 饭店注册登记类型 | 饭店数（家） | 房间数（间） | 床位数（张） |
| --- | --- | --- | --- |
| **合计** | **212** | **9 975** | **19 099** |
| 国有企业 | 74 | 3 883 | 7 368 |
| 集体企业 | 15 | 843 | 1 670 |
| 股份合作企业 | 1 | 16 | 42 |
| 国有联营 | 0 | 0 | 0 |
| 集体联营 | 0 | 0 | 0 |
| 国有与集体联营 | 0 | 0 | 0 |
| 其他联营 | 2 | 58 | 134 |
| 国有独资公司 | 1 | 90 | 189 |
| 其他有限责任公司 | 14 | 796 | 1 625 |
| 股份有限公司 | 5 | 291 | 583 |
| 私营独资 | 63 | 2 375 | 4 325 |
| 私营合伙 | 8 | 316 | 649 |
| 私营有限责任公司 | 21 | 949 | 1 822 |
| 私营股份有限公司 | 0 | 0 | 0 |
| 其他 | 8 | 358 | 692 |
| 与港澳台商合资经营 | 0 | 0 | 0 |
| 与港澳台商合作经营 | 0 | 0 | 0 |
| 港澳台商独资 | 0 | 0 | 0 |
| 港澳台商投资股份有限公司 | 0 | 0 | 0 |
| 中外合资经营 | 0 | 0 | 0 |
| 中外合作经营 | 0 | 0 | 0 |
| 外资企业 | 0 | 0 | 0 |
| 外商投资股份有限公司 | 0 | 0 | 0 |

## 综合情况

| 客房出租率（%） | 营业收入（万元） | 营业税金（万元） | 固定资产原值（万元） |
| --- | --- | --- | --- |
| **50.06** | **36 778.57** | **2 026.25** | **79 825.75** |
| 47.89 | 14 374.97 | 816.19 | 34 393.27 |
| 36.78 | 2 912.31 | 170.65 | 6 052.72 |
| 22.23 | 46.50 | 2.72 | 14.00 |
| 0.00 | 0.00 | 0.00 | 0.00 |
| 0.00 | 0.00 | 0.00 | 0.00 |
| 0.00 | 0.00 | 0.00 | 0.00 |
| 61.31 | 427.18 | 18.94 | 688.25 |
| 28.34 | 291.50 | 16.10 | 282.80 |
| 59.98 | 2 793.25 | 141.19 | 7 449.69 |
| 67.70 | 2 129.86 | 117.78 | 1 652.06 |
| 50.86 | 6 459.50 | 322.63 | 16 605.75 |
| 79.05 | 1 714.90 | 106.27 | 1 946.40 |
| 52.57 | 5 248.46 | 288.30 | 9 906.31 |
| 0.00 | 0.00 | 0.00 | 0.00 |
| 36.69 | 380.15 | 25.46 | 834.50 |
| 0.00 | 0.00 | 0.00 | 0.00 |
| 0.00 | 0.00 | 0.00 | 0.00 |
| 0.00 | 0.00 | 0.00 | 0.00 |
| 0.00 | 0.00 | 0.00 | 0.00 |
| 0.00 | 0.00 | 0.00 | 0.00 |
| 0.00 | 0.00 | 0.00 | 0.00 |
| 0.00 | 0.00 | 0.00 | 0.00 |
| 0.00 | 0.00 | 0.00 | 0.00 |

# 10－2　全国一星级饭店

| 地区 | 总计 | 国有企业 | 集体企业 | 股份合作企业 | 国有联营 | 集体联营 | 国有与集体联营 | 其他联营 | 国有独资公司 | 其他有限责任公司 | 股份有限公司 | 私营独资 |
|---|---|---|---|---|---|---|---|---|---|---|---|---|
| **合　计** | **212** | **74** | **15** | **1** | **0** | **0** | **0** | **2** | **1** | **14** | **5** | **63** |
| 北　京 | 17 | 3 | 2 | 0 | 0 | 0 | 0 | 0 | 1 | 5 | 0 | 2 |
| 天　津 | 1 | 1 | 0 | 0 | 0 | 0 | 0 | 0 | 0 | 0 | 0 | 0 |
| 河　北 | 3 | 3 | 0 | 0 | 0 | 0 | 0 | 0 | 0 | 0 | 0 | 0 |
| 山　西 | 0 | 0 | 0 | 0 | 0 | 0 | 0 | 0 | 0 | 0 | 0 | 0 |
| 内蒙古 | 11 | 0 | 0 | 0 | 0 | 0 | 0 | 0 | 0 | 3 | 0 | 5 |
| 辽　宁 | 9 | 5 | 0 | 0 | 0 | 0 | 0 | 0 | 0 | 1 | 0 | 2 |
| 吉　林 | 1 | 0 | 0 | 0 | 0 | 0 | 0 | 1 | 0 | 0 | 0 | 0 |
| 黑龙江 | 5 | 3 | 0 | 0 | 0 | 0 | 0 | 0 | 0 | 0 | 0 | 2 |
| 上　海 | 2 | 1 | 0 | 0 | 0 | 0 | 0 | 0 | 0 | 0 | 0 | 0 |
| 江　苏 | 0 | 0 | 0 | 0 | 0 | 0 | 0 | 0 | 0 | 0 | 0 | 0 |
| 浙　江 | 23 | 2 | 2 | 1 | 0 | 0 | 0 | 0 | 0 | 0 | 1 | 6 |
| 安　徽 | 3 | 1 | 0 | 0 | 0 | 0 | 0 | 0 | 0 | 0 | 0 | 1 |
| 福　建 | 1 | 1 | 0 | 0 | 0 | 0 | 0 | 0 | 0 | 0 | 0 | 0 |
| 江　西 | 1 | 0 | 0 | 0 | 0 | 0 | 0 | 0 | 0 | 0 | 0 | 0 |
| 山　东 | 2 | 2 | 0 | 0 | 0 | 0 | 0 | 0 | 0 | 0 | 0 | 0 |
| 河　南 | 4 | 1 | 0 | 0 | 0 | 0 | 0 | 0 | 0 | 0 | 1 | 2 |
| 湖　北 | 16 | 10 | 1 | 0 | 0 | 0 | 0 | 0 | 0 | 0 | 0 | 4 |
| 湖　南 | 10 | 2 | 0 | 0 | 0 | 0 | 0 | 0 | 0 | 0 | 0 | 6 |
| 广　东 | 3 | 1 | 0 | 0 | 0 | 0 | 0 | 0 | 0 | 0 | 0 | 0 |
| 广　西 | 3 | 3 | 0 | 0 | 0 | 0 | 0 | 0 | 0 | 0 | 0 | 0 |
| 海　南 | 4 | 2 | 0 | 0 | 0 | 0 | 0 | 1 | 0 | 1 | 0 | 0 |
| 重　庆 | 1 | 1 | 0 | 0 | 0 | 0 | 0 | 0 | 0 | 0 | 0 | 0 |
| 四　川 | 6 | 5 | 0 | 0 | 0 | 0 | 0 | 0 | 0 | 1 | 0 | 0 |
| 贵　州 | 16 | 8 | 0 | 0 | 0 | 0 | 0 | 0 | 0 | 0 | 0 | 7 |
| 云　南 | 30 | 7 | 3 | 0 | 0 | 0 | 0 | 0 | 0 | 1 | 1 | 12 |
| 西　藏 | 8 | 0 | 6 | 0 | 0 | 0 | 0 | 0 | 0 | 0 | 0 | 2 |
| 陕　西 | 0 | 0 | 0 | 0 | 0 | 0 | 0 | 0 | 0 | 0 | 0 | 0 |
| 甘　肃 | 14 | 7 | 0 | 0 | 0 | 0 | 0 | 0 | 0 | 0 | 1 | 5 |
| 青　海 | 3 | 1 | 0 | 0 | 0 | 0 | 0 | 0 | 0 | 0 | 0 | 0 |
| 宁　夏 | 0 | 0 | 0 | 0 | 0 | 0 | 0 | 0 | 0 | 0 | 0 | 0 |
| 新　疆 | 15 | 4 | 1 | 0 | 0 | 0 | 0 | 0 | 0 | 2 | 1 | 7 |

# 的注册登记类型

单位：家

| 私营合伙 | 私营有限责任公司 | 私营股份有限公司 | 其他 | 与港澳台商合资经营 | 与港澳台商合作经营 | 港澳台商独资 | 港澳台商投资股份有限公司 | 中外合资经营 | 中外合作经营 | 外资企业 | 外商投资股份有限公司 |
|---|---|---|---|---|---|---|---|---|---|---|---|
| **8** | **21** | **0** | **8** | **0** | **0** | **0** | **0** | **0** | **0** | **0** | **0** |
| 0 | 4 | 0 | 0 | 0 | 0 | 0 | 0 | 0 | 0 | 0 | 0 |
| 0 | 0 | 0 | 0 | 0 | 0 | 0 | 0 | 0 | 0 | 0 | 0 |
| 0 | 0 | 0 | 0 | 0 | 0 | 0 | 0 | 0 | 0 | 0 | 0 |
| 0 | 0 | 0 | 0 | 0 | 0 | 0 | 0 | 0 | 0 | 0 | 0 |
| 0 | 3 | 0 | 0 | 0 | 0 | 0 | 0 | 0 | 0 | 0 | 0 |
| 0 | 0 | 0 | 1 | 0 | 0 | 0 | 0 | 0 | 0 | 0 | 0 |
| 0 | 0 | 0 | 0 | 0 | 0 | 0 | 0 | 0 | 0 | 0 | 0 |
| 0 | 0 | 0 | 0 | 0 | 0 | 0 | 0 | 0 | 0 | 0 | 0 |
| 0 | 1 | 0 | 0 | 0 | 0 | 0 | 0 | 0 | 0 | 0 | 0 |
| 0 | 0 | 0 | 0 | 0 | 0 | 0 | 0 | 0 | 0 | 0 | 0 |
| 4 | 7 | 0 | 0 | 0 | 0 | 0 | 0 | 0 | 0 | 0 | 0 |
| 1 | 0 | 0 | 0 | 0 | 0 | 0 | 0 | 0 | 0 | 0 | 0 |
| 0 | 0 | 0 | 0 | 0 | 0 | 0 | 0 | 0 | 0 | 0 | 0 |
| 1 | 0 | 0 | 0 | 0 | 0 | 0 | 0 | 0 | 0 | 0 | 0 |
| 0 | 0 | 0 | 0 | 0 | 0 | 0 | 0 | 0 | 0 | 0 | 0 |
| 0 | 0 | 0 | 0 | 0 | 0 | 0 | 0 | 0 | 0 | 0 | 0 |
| 0 | 1 | 0 | 0 | 0 | 0 | 0 | 0 | 0 | 0 | 0 | 0 |
| 1 | 1 | 0 | 0 | 0 | 0 | 0 | 0 | 0 | 0 | 0 | 0 |
| 0 | 1 | 0 | 1 | 0 | 0 | 0 | 0 | 0 | 0 | 0 | 0 |
| 0 | 0 | 0 | 0 | 0 | 0 | 0 | 0 | 0 | 0 | 0 | 0 |
| 0 | 0 | 0 | 0 | 0 | 0 | 0 | 0 | 0 | 0 | 0 | 0 |
| 0 | 0 | 0 | 0 | 0 | 0 | 0 | 0 | 0 | 0 | 0 | 0 |
| 0 | 0 | 0 | 0 | 0 | 0 | 0 | 0 | 0 | 0 | 0 | 0 |
| 0 | 1 | 0 | 0 | 0 | 0 | 0 | 0 | 0 | 0 | 0 | 0 |
| 0 | 1 | 0 | 5 | 0 | 0 | 0 | 0 | 0 | 0 | 0 | 0 |
| 0 | 0 | 0 | 0 | 0 | 0 | 0 | 0 | 0 | 0 | 0 | 0 |
| 0 | 0 | 0 | 0 | 0 | 0 | 0 | 0 | 0 | 0 | 0 | 0 |
| 1 | 0 | 0 | 0 | 0 | 0 | 0 | 0 | 0 | 0 | 0 | 0 |
| 0 | 1 | 0 | 1 | 0 | 0 | 0 | 0 | 0 | 0 | 0 | 0 |
| 0 | 0 | 0 | 0 | 0 | 0 | 0 | 0 | 0 | 0 | 0 | 0 |
| 0 | 0 | 0 | 0 | 0 | 0 | 0 | 0 | 0 | 0 | 0 | 0 |

# 10-3 全国一星级饭店的地区分布

| 地区 | 饭店数（家） | 房间数（间） | 床位数（张） | 客房出租率（%） | 营业收入（万元） | 营业税金（万元） | 固定资产原值（万元） |
|---|---|---|---|---|---|---|---|
| **合计** | **212** | **9 975** | **19 099** | **50.06** | **36 778.57** | **2 026.25** | **79 825.75** |
| 北京 | 17 | 1 116 | 2 281 | 32.19 | 4 184.50 | 226.00 | 6 717.40 |
| 天津 | 1 | 160 | 443 | 49.87 | 1 129.49 | 47.36 | 1 066.90 |
| 河北 | 3 | 251 | 486 | 59.14 | 1 084.30 | 131.20 | 1 464.10 |
| 山西 | 0 | 0 | 0 | 0.00 | 0.00 | 0.00 | 0.00 |
| 内蒙古 | 11 | 429 | 888 | 45.68 | 1 165.00 | 49.70 | 2 950.19 |
| 辽宁 | 9 | 490 | 826 | 55.82 | 1 980.40 | 96.60 | 5 160.80 |
| 吉林 | 1 | 16 | 64 | 35.00 | 66.00 | 1.40 | 300.00 |
| 黑龙江 | 5 | 218 | 435 | 64.57 | 786.10 | 38.50 | 1 437.70 |
| 上海 | 2 | 146 | 280 | 52.00 | 803.97 | 35.93 | 1 068.03 |
| 江苏 | 0 | 0 | 0 | 0.00 | 0.00 | 0.00 | 0.00 |
| 浙江 | 23 | 956 | 1 860 | 63.80 | 5 519.34 | 322.40 | 8 626.25 |
| 安徽 | 3 | 119 | 210 | 87.34 | 991.17 | 15.04 | 3 047.33 |
| 福建 | 1 | 28 | 54 | 77.25 | 437.00 | 26.00 | 360.10 |
| 江西 | 1 | 28 | 44 | 58.00 | 100.00 | 5.00 | 100.00 |
| 山东 | 2 | 100 | 182 | 67.34 | 403.90 | 21.28 | 1 021.60 |
| 河南 | 4 | 153 | 300 | 47.61 | 127.20 | 0.63 | 190.50 |
| 湖北 | 16 | 699 | 1 236 | 69.61 | 4 399.11 | 261.65 | 5 212.97 |
| 湖南 | 10 | 352 | 621 | 75.81 | 1 296.90 | 47.21 | 3 564.54 |
| 广东 | 3 | 234 | 364 | 44.13 | 367.18 | 16.36 | 1 601.60 |
| 广西 | 3 | 168 | 285 | 59.43 | 279.50 | 7.80 | 812.00 |
| 海南 | 4 | 237 | 450 | 63.71 | 553.41 | 32.44 | 2 809.25 |
| 重庆 | 1 | 72 | 120 | 57.05 | 257.20 | 13.40 | 430.00 |
| 四川 | 6 | 278 | 478 | 43.12 | 927.76 | 51.62 | 2 090.86 |
| 贵州 | 16 | 628 | 1 160 | 54.45 | 1 882.42 | 108.81 | 4 410.05 |
| 云南 | 30 | 1 168 | 2 102 | 40.01 | 3 301.13 | 229.44 | 10 837.27 |
| 西藏 | 8 | 409 | 852 | 30.25 | 488.97 | 24.58 | 3 309.82 |
| 陕西 | 0 | 0 | 0 | 0.00 | 0.00 | 0.00 | 0.00 |
| 甘肃 | 14 | 691 | 1 400 | 44.69 | 1 760.30 | 93.38 | 5 649.10 |
| 青海 | 3 | 153 | 313 | 22.40 | 173.06 | 8.50 | 686.94 |
| 宁夏 | 0 | 0 | 0 | 0.00 | 0.00 | 0.00 | 0.00 |
| 新疆 | 15 | 676 | 1 365 | 43.99 | 2 313.28 | 114.04 | 4 900.44 |

# 10－4 全国一星级饭店的营业收入总额

单位：万元

| 地　区 | 营业收入 | #客房 | #餐饮 |
|---|---|---|---|
| **合　计** | **36 778.57** | **19 625.51** | **15 305.58** |
| 北　京 | 4 184.50 | 2 551.00 | 1 187.80 |
| 天　津 | 1 129.49 | 273.47 | 855.82 |
| 河　北 | 1 084.30 | 452.80 | 492.60 |
| 山　西 | 0.00 | 0.00 | 0.00 |
| 内蒙古 | 1 165.00 | 768.30 | 394.12 |
| 辽　宁 | 1 980.40 | 1 331.30 | 587.70 |
| 吉　林 | 66.00 | 36.70 | 29.00 |
| 黑龙江 | 786.10 | 636.50 | 149.60 |
| 上　海 | 803.97 | 504.76 | 280.69 |
| 江　苏 | 0.00 | 0.00 | 0.00 |
| 浙　江 | 5 519.34 | 2 489.13 | 2 610.14 |
| 安　徽 | 991.17 | 702.17 | 289.00 |
| 福　建 | 437.00 | 72.00 | 365.00 |
| 江　西 | 100.00 | 65.00 | 35.00 |
| 山　东 | 403.90 | 165.40 | 238.50 |
| 河　南 | 127.20 | 116.70 | 10.50 |
| 湖　北 | 4 399.11 | 2 188.19 | 2 142.52 |
| 湖　南 | 1 296.90 | 921.20 | 287.20 |
| 广　东 | 367.18 | 316.18 | 33.84 |
| 广　西 | 279.50 | 279.50 | 0.00 |
| 海　南 | 553.41 | 327.17 | 140.63 |
| 重　庆 | 257.20 | 111.00 | 133.40 |
| 四　川 | 927.76 | 369.78 | 466.29 |
| 贵　州 | 1 882.42 | 1 190.25 | 571.87 |
| 云　南 | 3 301.13 | 1 348.11 | 1 896.81 |
| 西　藏 | 488.97 | 248.60 | 115.75 |
| 陕　西 | 0.00 | 0.00 | 0.00 |
| 甘　肃 | 1 760.30 | 1 176.50 | 581.80 |
| 青　海 | 173.06 | 139.29 | 19.77 |
| 宁　夏 | 0.00 | 0.00 | 0.00 |
| 新　疆 | 2 313.28 | 844.51 | 1 390.23 |

# 10－5　全国一星级饭店的营业收入构成

| 地　区 | 营业收入（万元） | #客房（%） | #餐饮（%） |
|---|---|---|---|
| **合　计** | **36 778.57** | **53.36** | **41.62** |
| 北　京 | 4 184.50 | 60.96 | 28.39 |
| 天　津 | 1 129.49 | 24.21 | 75.77 |
| 河　北 | 1 084.30 | 41.76 | 45.43 |
| 山　西 | 0.00 | 0.00 | 0.00 |
| 内蒙古 | 1 165.00 | 65.95 | 33.83 |
| 辽　宁 | 1 980.40 | 67.22 | 29.68 |
| 吉　林 | 66.00 | 55.61 | 43.94 |
| 黑龙江 | 786.10 | 80.97 | 19.03 |
| 上　海 | 803.97 | 62.78 | 34.91 |
| 江　苏 | 0.00 | 0.00 | 0.00 |
| 浙　江 | 5 519.34 | 45.10 | 47.29 |
| 安　徽 | 991.17 | 70.84 | 29.16 |
| 福　建 | 437.00 | 16.48 | 83.52 |
| 江　西 | 100.00 | 65.00 | 35.00 |
| 山　东 | 403.90 | 40.95 | 59.05 |
| 河　南 | 127.20 | 91.75 | 8.25 |
| 湖　北 | 4 399.11 | 49.74 | 48.70 |
| 湖　南 | 1 296.90 | 71.03 | 22.15 |
| 广　东 | 367.18 | 86.11 | 9.22 |
| 广　西 | 279.50 | 100.00 | 0.00 |
| 海　南 | 553.41 | 59.12 | 25.41 |
| 重　庆 | 257.20 | 43.16 | 51.87 |
| 四　川 | 927.76 | 39.86 | 50.26 |
| 贵　州 | 1 882.42 | 63.23 | 30.38 |
| 云　南 | 3 301.13 | 40.84 | 57.46 |
| 西　藏 | 488.97 | 50.84 | 23.67 |
| 陕　西 | 0.00 | 0.00 | 0.00 |
| 甘　肃 | 1 760.30 | 66.84 | 33.05 |
| 青　海 | 173.06 | 80.49 | 11.42 |
| 宁　夏 | 0.00 | 0.00 | 0.00 |
| 新　疆 | 2 313.28 | 36.51 | 60.10 |

# 10－6　全国一星级饭店每间客房的收益

| 地　　区 | 饭店数（家） | 饭店规模 | | 客房出租率（%） | 每间客房年收入（万元） |
|---|---|---|---|---|---|
| | | 客房数（间） | 床位数（张） | | |
| **合　计** | **212** | **9 975** | **19 099** | **50.06** | **3.69** |
| 北　京 | 17 | 1 116 | 2 281 | 32.19 | 3.75 |
| 天　津 | 1 | 160 | 443 | 49.87 | 7.06 |
| 河　北 | 3 | 251 | 486 | 59.14 | 4.32 |
| 山　西 | 0 | 0 | 0 | 0.00 | 0.00 |
| 内蒙古 | 11 | 429 | 888 | 45.68 | 2.72 |
| 辽　宁 | 9 | 490 | 826 | 55.82 | 4.04 |
| 吉　林 | 1 | 16 | 64 | 35.00 | 4.13 |
| 黑龙江 | 5 | 218 | 435 | 64.57 | 3.61 |
| 上　海 | 2 | 146 | 280 | 52.00 | 5.51 |
| 江　苏 | 0 | 0 | 0 | 0.00 | 0.00 |
| 浙　江 | 23 | 956 | 1 860 | 63.80 | 5.77 |
| 安　徽 | 3 | 119 | 210 | 87.34 | 8.33 |
| 福　建 | 1 | 28 | 54 | 77.25 | 15.61 |
| 江　西 | 1 | 28 | 44 | 58.00 | 3.57 |
| 山　东 | 2 | 100 | 182 | 67.34 | 4.04 |
| 河　南 | 4 | 153 | 300 | 47.61 | 0.83 |
| 湖　北 | 16 | 699 | 1 236 | 69.61 | 6.29 |
| 湖　南 | 10 | 352 | 621 | 75.81 | 3.68 |
| 广　东 | 3 | 234 | 364 | 44.13 | 1.57 |
| 广　西 | 3 | 168 | 285 | 59.43 | 1.66 |
| 海　南 | 4 | 237 | 450 | 63.71 | 2.34 |
| 重　庆 | 1 | 72 | 120 | 57.05 | 3.57 |
| 四　川 | 6 | 278 | 478 | 43.12 | 3.34 |
| 贵　州 | 16 | 628 | 1 160 | 54.45 | 3.00 |
| 云　南 | 30 | 1 168 | 2 102 | 40.01 | 2.83 |
| 西　藏 | 8 | 409 | 852 | 30.25 | 1.20 |
| 陕　西 | 0 | 0 | 0 | 0.00 | 0.00 |
| 甘　肃 | 14 | 691 | 1 400 | 44.69 | 2.55 |
| 青　海 | 3 | 153 | 313 | 22.40 | 1.13 |
| 宁　夏 | 0 | 0 | 0 | 0.00 | 0.00 |
| 新　疆 | 15 | 676 | 1 365 | 43.99 | 3.42 |

# 10－7　全国一星级饭店的人均效益

| 地　区 | 全员劳动（万元/人） | 人均实现营业税金（万元/人） | 人均实现利　润（万元/人） | 人均占用固定资产原值（万元/人） | 年末从业人　员（人） |
|---|---|---|---|---|---|
| **合　计** | **7.35** | **0.41** | **0.20** | **15.96** | **5 003** |
| 北　京 | 9.60 | 0.52 | 0.02 | 15.41 | 436 |
| 天　津 | 5.85 | 0.25 | －1.96 | 5.53 | 193 |
| 河　北 | 7.33 | 0.89 | 0.29 | 9.89 | 148 |
| 山　西 | 0.00 | 0.00 | 0.00 | 0.00 | 0 |
| 内蒙古 | 6.26 | 0.27 | 0.78 | 15.86 | 186 |
| 辽　宁 | 5.04 | 0.25 | －0.27 | 13.13 | 393 |
| 吉　林 | 6.60 | 0.14 | －1.24 | 30.00 | 10 |
| 黑龙江 | 6.78 | 0.33 | 0.63 | 12.39 | 116 |
| 上　海 | 10.05 | 0.45 | －1.46 | 13.35 | 80 |
| 江　苏 | 0.00 | 0.00 | 0.00 | 0.00 | 0 |
| 浙　江 | 10.49 | 0.61 | －0.13 | 16.40 | 526 |
| 安　徽 | 12.87 | 0.20 | 0.78 | 39.58 | 77 |
| 福　建 | 9.10 | 0.54 | 0.90 | 7.50 | 48 |
| 江　西 | 5.00 | 0.25 | 0.75 | 5.00 | 20 |
| 山　东 | 5.11 | 0.27 | －0.12 | 12.93 | 79 |
| 河　南 | 3.10 | 0.02 | 0.10 | 4.65 | 41 |
| 湖　北 | 7.95 | 0.47 | 0.08 | 9.43 | 553 |
| 湖　南 | 8.76 | 0.32 | 1.28 | 24.08 | 148 |
| 广　东 | 6.44 | 0.29 | 0.72 | 28.10 | 57 |
| 广　西 | 3.73 | 0.10 | 0.06 | 10.83 | 75 |
| 海　南 | 5.27 | 0.31 | 0.36 | 26.75 | 105 |
| 重　庆 | 5.04 | 0.26 | －0.16 | 8.43 | 51 |
| 四　川 | 5.33 | 0.30 | 0.56 | 12.02 | 174 |
| 贵　州 | 8.18 | 0.47 | 1.61 | 19.17 | 230 |
| 云　南 | 7.37 | 0.51 | 0.48 | 24.19 | 448 |
| 西　藏 | 3.85 | 0.19 | 0.55 | 26.06 | 127 |
| 陕　西 | 0.00 | 0.00 | 0.00 | 0.00 | 0 |
| 甘　肃 | 5.37 | 0.28 | 0.69 | 17.22 | 328 |
| 青　海 | 3.04 | 0.15 | －0.20 | 12.05 | 57 |
| 宁　夏 | 0.00 | 0.00 | 0.00 | 0.00 | 0 |
| 新　疆 | 7.79 | 0.38 | 0.14 | 16.50 | 297 |

**责任编辑：** 王　军
**责任印制：** 冯冬青

**图书在版编目（CIP）数据**

中国旅游统计年鉴：副本．2011/中华人民共和国国家旅游局编．--北京：中国旅游出版社，2011.12
ISBN 978-7-5032-4315-8

Ⅰ.①中…　Ⅱ.①中…　Ⅲ．①旅游业-统计资料-中国-2011-年鉴　Ⅳ．①F592-66

中国版本图书馆 CIP 数据核字（2011）第 251517 号

**书　　名：** 中国旅游统计年鉴（副本）2011

**编　　著：** 中华人民共和国国家旅游局
**出版发行：** 中国旅游出版社
（北京建国门内大街甲 9 号　邮编：100005）
http://www.cttp.net.cn　E-mail：cttp@cnta.gov.cn
发行部电话：010-85166503
**排　　版：** 北京中文天地文化艺术有限公司
**印　　刷：** 北京工商事务印刷有限公司
**版　　次：** 2011 年 12 月第 1 版　2011 年 12 月第 1 次印刷
**开　　本：** 787 毫米×1092 毫米　1/16
**印　　张：** 10.5
**字　　数：** 220 千字
**定　　价：** 120.00 元
**I S B N** 978-7-5032-4315-8